内江师范学院
专业建设教材

直播口语

易军 田园曲 刘畅◎编著

Live Streaming

中国国际广播出版社

前 言

1949年10月1日，宣告新中国成立的开国大典通过广播直播，让全国各地以及世界各地即时收听到这一伟大事件的现场声音；1958年6月15日，中国第一座电视台——北京电视台（中央电视台前身）直播我国电视剧“开山之作”《一口菜饼子》；1983年中央电视台直播第一届春节联欢晚会，带给全国人民新年的祝福。

在万物互联、万物智能的背景下，直播再次作为一种新兴的媒介形式，已经成为当今社会信息传播和社交互动的重要渠道。它不仅改变了人们获取信息和娱乐的方式，还对社会经济、文化等多个领域产生了深远的影响。

随着技术的发展和智能手机的普及，直播已由专业平台打造发展成全民参与的行业，人人皆可成为内容的创造者和传播者。直播中的口语交流可以拉近与观众的距离，增强互动感；口语中的情感表述可以更好地传递态度，增强信息的感染力。沿袭修辞学的主要理念——说服的口语传播，将社会语境中的人际互动与传播语境中的信息收发相结合，承担着直播过程中表达、传播、说服、修辞、调节等功能。其新方法和新技巧理应成为研究直播的新课题。

总之，好的口语表达在直播中起到锦上添花的作用。直播口语传播无疑是传播者方式、策略、组织乃至审美、文化的载体。

基于此，本书梳理了传统广播、电视媒体及新媒体平台领域直播口语的规律、特征、要求和技巧，并整合了包括人力资源和社会保障部认可的网络营销师等新兴职业传播人群的口语表达要求。

本书从策划活动直播、突发事件直播、体育赛事直播、电商带货直播、线上教学直播等业界主流场景着手，以理论、案例、实训三者融合的结构进行编写，较为系统、全面地从直播口语这一角度，结合社会学、传播学、心理学、语言学、接受美学等理论，分析已有成熟样本，探求普适的表达规律和优化的传播效果，具有较强的实用性和参考价值。

由于不是书面语，直播口语看上去很简单，实际上可能要比写好纸媒文稿付出更多的心血。直播口语结合画面后，同一段落的主语是可以改变的，表述也是偏口语化的，这样的口语表述才不会生硬死板。为了让读者看到真正的直播口语，本书保留了案例段落中的口语化表述、不够严谨的病句和看上去有误的标点符号用法。

本书立足口语传播，从直播的行业特征和时代特色、用户需求等维度进行探索和梳理，亦是对业界和学界的有益尝试。

易　军

2024年6月

目 录

第一章　直播口语综述

第一节　直播概说

一、直播概念的界定

（一）电视直播

《广播电视辞典》中对直播的定义是“广播电视节目的后期合成、播出同时进行的播出方式[①]”。按播出场合可将直播分为现场直播、播音室或演播室直播等形式。电视现场直播指随着现场事件的发生、发展，进行同步制作和播出的一种电视节目的播出方式，是充分体现广播电视媒介传播优势的播出方式。

（二）网络直播

网络直播是在现场随着事件的发生、发展进程同步制作和发布信息，具有双向流通过程的信息网络发布方式[②]。自2000年起，随着网络时代到来，

① 赵玉明，王福顺.广播电视辞典［M］.北京：北京广播学院出版社，1999：25.

② 李健，张毅，李家新.应为电视直播与网络直播的融合加速［J］.新闻三昧，2004（8）：26-27.

网络直播逐渐取代电视直播，成为“直播”的代名词。

随着互联网技术的发展，直播的概念有了新的拓展和发展，网络直播具备时空功能（既有现在时又有过去时），还具有压缩时空的功能。

二、直播产生的价值

直播减少了后期剪辑成本，加快了信息的传播。如今，依靠吸取和延续互联网的优势，互联网思维下的传统媒体传播、企业营销方式、院校教学方式等发生了显著变化。

网络直播最大的优点就在于直播的自主性：独立可控的音视频采集，完全不同于转播电视信号的单一收看。通过网络直播，可以将产品展示、相关会议、背景介绍、方案测评、网上调查、对话访谈、在线培训等内容现场发布到互联网上，利用互联网表现形式灵活、内容丰富、交互性强、地域不受限制、受众可划分等特点，加强活动的推广效果。现场直播完成后，还可以随时为受众继续提供重播、点播服务，有效延长和拓展了直播的时间和空间，发挥出直播内容的最大价值。

如今，政务公开会议、群众听证会、法庭庭审直播、考试培训、产品发布会、企业或行业年会、展会活动等纷纷采用直播的形式，可以说人们的生活已经离不开直播。通过直播，人们的生活有了更加广阔自由的选择空间。

三、直播的发展历史

1949年10月1日15时，毛泽东主席在首都北京天安门城楼上宣告：“中华人民共和国中央人民政府成立了！”新中国的成立之声是怎样让全世界听到的呢？2021年10月1日，中国国家话剧院推出话剧《直播开国大典》，以新中国成立初期的真实历史事件为切入点，再现了完成开国大典实况广播任务，用广播向世界传送开国大典的伟大时刻。

下面回顾我国广播电视及网络直播发展的重要时间节点。

1958年我国第一次电视直播是由北京电视台完成的，即1958年6月15日上映的电视剧《一口菜饼子》。由于没有录像设备，现场演员们更像在演舞台剧，现场运用多机位拍摄，音画同期同步播出。电视剧时长20多分钟，类似于今天的网络短视频。

1986年墨西哥世界杯，是中央电视台严格意义上的第一次直播，完成了52场世界杯比赛的现场直播或录播。

1994年中国获准接入国际互联网，紧接着在一年后向社会开放网络并提供服务。

1995年4月24日，中央人民广播电台通过中央电视台的卫星信道传送单声和立体声广播节目，标志着中国卫星数字广播开播。

1996年1月1日起，中央电视台《新闻联播》由录播改为直播。

1996年10月，广东人民广播电台建立网站，标志着中国广播媒介在网络传播领域迈出了第一步。

1996年12月15日，广东省珠江经济广播电台开办了网络广播，成为大陆第一家在网络上播出的广播电台。

1997年1月4日，北京人民广播电台新闻广播《人生热线》节目推出网络专栏《网络人生》，开创了线上广播热线节目的先河。

1997年9月，广东省南海电台在互联网上开通实时广播，充分显示网络面前“台台平等”的精神。上线时间早于中央人民广播电台和中国国际广播电台。

1997年是中国电视直播元年。其中，1997年7月1日香港回归报道是中央电视台建台以来规模最大、投入设备最多、最先进的直播活动。

1998年8月，中央人民广播电台在网上发布中央人民广播电台简介及节目介绍宣传页面。

1998年12月26日，中国国际广播电台网站正式上线，将华语（普通话、粤语）、英语、德语和西班牙语4种语言的节目送上了互联网。

1999年，中国第一个网上书店、网上超市相继开业。

2000年，网络时代到来，网络直播成为“直播”新的代名词。

2001年中央电视台《春节联欢晚会》进行了网上广播直播。

2003年电视上开始出现关于电子游戏方面的直播。

2006年12月28日，中央电视台宣布中视购物数字频道正式开播，此举标志着央视正式进军电视购物领域。

2008年YY直播上线语音聊天功能，成为最早的主播聊天直播平台。后来在此基础上增加了摄像功能，实现了可视直播聊天。

2012年之后，直播开始由最初的单一内容，向“旅游”“户外”“金融”“财经”“网购”行业拓展。大批直播平台纷纷涌现，其中淘宝成为最早的直播带货平台。

2015年中央电视台春节联欢晚会在直播过程中加入摇红包互动环节，打通了电视与手机之间的屏障，实现了跨屏互动，是新媒体和传统媒体融合的新探索。

2016年直播电商已是星星之火，直到2020年，直播成为焦点。

2018年5月，中央电视台CCTV-13特别报道《直播长江》中出现全球第一个虚拟主播形象“康晓辉”，该主播是使用AI语音合成技术，对央视主播康辉的声音进行合成模拟打造的。

2019年8月24日，《新闻联播》正式入驻短视频平台抖音、快手。

2020年3月中央广播电视总台推出新媒体平台“云听”，这是中央广播电视总台旗下唯一音频客户端，承载着中央广播电视总台战略转型融合的重要使命。

2020年4月20日，习近平总书记走进陕西“秦岭天下”直播间，助力农产品直播带货。

2022年2月4日北京冬季奥运会开幕式直播，吸引了全球约5亿人收看。

四、直播的划分

从广义上来讲，直播是一种传播方式，是一种视频播放场景。实际上，不同的直播形式在很多方面是有差异的。

（一）视频直播

视频直播的时效性强，生动实际，受众可以快速获取信息。

场景：突发自然灾害、安全事故、公共卫生等事件；视频会议如钉钉、飞书、腾讯会议等；在线互动、比赛、教学，直播带货等。只要是实时的画面就是直播。视频直播播放的视频内容是实时的视频画面，视频源是实时的媒体流。视频直播的播放内容通常无法回退或快进。日常生活中的视频直播场景非常多，比如直播带货、视频会议、赛事直播等。

视频直播对实时性要求比较高，特别是比赛直播场景。视频直播的播放内容是媒体直播流的形式，视频画面和声音信息都是实时采集、传输和播放的[①]。如果没有录制模块，视频画面和声音播放完毕是没有存档的。

视频直播涉及一个比较完整的视频处理流程，包括视频画面和声音采集、视频编码、组包发送、网络传输、收包解包、视频解码、视频渲染和声音播放等。

（二）视频点播

视频点播具有节约资源的优点，而且选择性和针对性也更强。

① 辛普森，格林菲尔德.交互式网络电视与互联网视频：视听放送的进展［M］.张少君，译.武汉：华中科技大学出版社，2019：19.

场景：在计算机、手机或电视点播回放，如网课视频、体育赛事、云视频会议等，包括电影、电视剧、文艺节目、广告等。

视频点播在现实生活和工作中应该是最为常见的点播场景。我们播放手机或者计算机上的视频和电影都是视频点播场景。比如电视剧都是提前制作好的，可以定期播放，可以看回放。此外还有网课的回放视频、直播赛事之后的回放视频、云视频会议的回放视频等都属于视频点播。

在我们的日常生活和工作中，最容易见到的视频点播场景就是视频广告。短视频平台抖音和快手中，用户浏览的视频都是点播视频，尽管这两款产品中都有对应的直播模块，但受众最为广泛的还是点播功能。

不是实时的画面就是点播。视频点播播放的视频内容是非实时的视频画面，视频源是已经存在的视频文件或媒体源，可以多次使用，可以回退和快进。日常生活中的视频点播场景也非常多，比如有线电视、网络点播、短视频等。

视频点播的处理流程就比较少了，一般只涉及文件读取、网络传输、视频解码、视频渲染和声音播放等流程，不会涉及视频画面和声音采集、视频编码、组包①。

由于技术架构不同，网络协议和传输信号有所差异，视频直播和视频点播的播放器方案是不同的，也是二者的显著差异之一。

（三）伪直播

场景：线上网络教学时播放课件与连线互动融合。

将提前录制好的视频文件在直播场景中播放，受众无法判断当前播放的内容是直播还是点播。现在很多大班网课场景中，课程中的一部分内容是老师提前录制好的，一些主播带货时也会播放已经录好的视频，让受众以为是直播场景。

① 卢官明.移动流媒体技术［M］.北京：电子工业出版社，2010：36.

伪直播是介于视频直播和视频点播之间的一种视频播放形式，是把视频点播以视频直播的形式展现出来。目前，它的使用场景也逐渐丰富起来，如抖音的平播。平播的短视频不拍其他的内容，只拍产品相关视频，视频带来的流量进入直播间就会有转化，然后通过千川付费给直播间投流（选短视频投放）。这样，直播间即使每天只有几十个人在线也能稳定出单。

第二节　口语概说

口语是指口头言语，泛指言论或议论，属于或适于日常会话的通俗语言[①]。

一、口语与书面语

口语是有声语言，是说出来的言语。世界上所有的民族都有自己的口语，它是最早被人类普遍应用的语言形式。在口语的基础上发展出来比较固定、准确，语法更严谨，方便保存与流传的文字语言，就是书面语言。例如书面语“写歌颂父亲的文章”转变成口语就是“说夸奖爸爸的话”。

口语灵活多变，通俗易懂的口语表达方式更适合平常生活中的交流与沟通[②]。口语句子比较短，比较快，沟通效率高。口语结构相对散乱且简单，使用时有重复、颠倒还有口头禅等现象。口语用词范围相对较窄，如果缺乏语境，可能造成歧义与费解。

① 许迅，赵晓梅，冒键.语言实践教程［M］.3版.南京：南京师范大学出版社，2020：189.

② 霍凯特.现代语言学教程［M］.索振羽，叶蜚声，译.北京：北京大学出版社，1986：144.

书面语是在口语的基础上发展出来的写和看的文字语言，是人们在书写和阅读文章时使用的。书面语是经过加工、提炼和发展的口语的书面形式，正规、理性、整齐、文雅，它的语言深度要高于口语，可以给受众足够的时间进行推敲和琢磨①。

直播口语是大众传播语言，应该是口语化的口语。口语化就是看似随意但不烦琐啰唆，用语简单明了且正规。当然，毕竟在直播中常常有些即兴表达，出现一些小毛病也无伤大雅，关键是受众能听懂。

二、声音

在直播中受众接收的信息不是文字，而是声音，所以前期准备的文字信息必须二度创作成为有声语言，才具备广泛传播的能力，才能被受众接受。

（一）载体

“气乃声之帅也”，声音是语言的载体。为声音提供原动力的是肺，气流从肺通过气管到达喉，冲开喉部的声带，产生振动。这种振动就是最基础最微弱的声音，再经过喉腔、咽腔、口腔及鼻腔等腔体扩大音量的共鸣作用，形成声音。最后继续被口腔里的舌、唇、腭、齿等器官阻碍，形成了语言体系中的字音②。

（二）内容

生活中我们经常听一个人的声音就能知道对方的情绪情感、性格脾气，

① 霍凯特.现代语言学教程［M］.索振羽，叶蜚声，译.北京：北京大学出版社，1986：207.

② 徐恒.播音发声学［M］.北京：北京广播学院出版社，1999：14.

甚至外貌形象、文化素质等。声音是有丰富内容的，声音的高低、强弱、快慢、抑扬等都能直接影响受众对语言内容和表达者的接受程度。影响声音内容的因素有很多，从声音的物理属性，即音高、音强、音长及音色中可见一斑。

1. 音高

音高即音域，是声音从低音到高音的范围。音域的宽窄直接影响到声音质量的好坏[①]。大多数人日常交流时常用5度音的宽度，在表达强烈情感时，音域就会在一个8度左右。

2. 音强

音强就是发出声音的强弱、大小[②]。正常呼气时，胸腹之间的膈肌是放松状态，说话时，膈肌就会收缩以增加气体排出。气体会对声带产生压力，气体压力的大小和声带肌肉的松紧可以产生音量大小的变化。因此，响亮、浑厚、有穿透力的声音是可以通过在呼气时提高腹部区域压力的方法产生的。

3. 音长

音长是声音的长短[③]。音长与语速、停顿密切相关。语速就是说话的速度，不同的表达者或不同的语境下，语速截然不同，可以影响语言节奏的形成。通过良好的训练，可以使语速根据内容富有变化、抑扬顿挫，从而更有效地为受众服务。

4. 音色

音色是指声音的特性[④]。音色是声音的品质，对于有声语言的整体要求

① 徐恒.播音发声学［M］.北京：北京广播学院出版社，1999：18.

② 徐恒.播音发声学［M］.北京：北京广播学院出版社，1999：18.

③ 徐恒.播音发声学［M］.北京：北京广播学院出版社，1999：18.

④ 徐恒.播音发声学［M］.北京：北京广播学院出版社，1999：19.

是清晰、明亮、圆润且有温度。不同的物体振动有不同的特点，人们因为不同的性别、年龄、声带质量、气息强弱、口腔控制等，形成了不同的音色。音色有先天因素，也与后天的保养与训练息息相关。

三、言语

其实我们生活中通常所说的语言就是言语，通俗地说就是说出的话。某知名主持人曾经提出："靠说话为生的我们，真的会说话吗？如果我们说的话就如日常生活中的絮絮叨叨、喋喋不休、东拉西扯，这样的口水话只会被人嫌弃。"

说话是一种艺术才能。《辞源》中写道，"口才是善于说话的才能。在说话、交谈、朗读、论辩、讲课、演讲等语言交际活动中，它表现出个人道德修养、文化知识、文学艺术等综合素质。在直播中表达者的口语更是直接且集中地反映了道德修养、文化知识、心理状态、思维方式、价值判断等[①]"。

（一）言美

从接受美学的角度来说，要想让自己说的话引起对方的情感共鸣，就不能只想着自己一吐为快，而是应本着善心爱意，从对方是否需要的角度考虑。古希腊教育家伊索克拉底说过，"对我们每个人而言，言谈本身是文化修养最可靠的标志"。说话者要善于营造语境，选择场所、时机，了解对方的心情。"良言一句三冬暖，恶语伤人六月寒。"很多时候，一句同情理解的话，就能给人很大安慰，使其增添勇气、感到温暖。

（二）言巧

巧为技巧，人情世故皆学问，一个人的成功，很大一部分依靠他的处

① 何九盈，王宁，董琨.辞源［M］.北京：商务印书馆，2017：331.

世技巧和人际关系，而这在很大程度上又取决于他会不会说话。

我们说出的话应力求语意明白，用词准确，语句简洁，合乎语法规范，把客观概念表述得清晰、准确、连贯、得体，既能把自己的想法说出来，又能使受众一听了然。做到这些需要很多说话的技巧。首先，需要准确把握说话的分寸；其次，需要在说话时加以预料和控制；最后，在说话过程中如果出现问题，要及时用恰当的语言补救。

（三）言志

“言为心声”“闻一言而知贤愚”。一开口，便知才、学、胆、识。口语是最直接、最及时、最省事、最经济、最有效地了解人的志趣才能的方式。

（四）言情

“气随情动，声随情出，气生于情而融于声。”人类的情感是丰富的，喜、怒、哀、乐、惊、恐、思，随着说出的话而真情流露。说出的话要以情带声、以声传情，情真意切地表达可以让受众如春风化雨，动人心扉。除了真情，语调的轻重缓急、抑扬顿挫也是很好的辅助，还有仪表、体态、神情和动作等，都能对传情达意产生较大的影响。

第三节　直播口语概说

一、直播口语的产生

语言学家索绪尔指出，语言总是处于不断的变化之中，在语言的变化中，会发生语言的黏合[①]。

随着传统媒体和新兴媒体的融合发展，直播口语中，短视频新闻语言首先突破了传统的电视语言模式，与网络社交语言结合起来，使信息的传播更加直接。短视频新闻语言的发展是传统新闻语言与社交、娱乐化语言的黏合过程。如同短视频新闻语言的发展，网课教学、电商带货等新的语言形式正在逐渐形成。

在科技快速发展的今天，移动化、数字化、智能化的全息传播时代已经到来。在传播技术、媒介生态变化的推动下，新的话语形式不断出现。

在网络平台上交流是一种全新的交流，向受众实现人人平等的社交需求更近一步，为受众打造了一种全新的话语平台。受众可以相对平等地，甚至随意地随时随地欣赏别人的表演或发表自己的意见。在网络社交过程中，作为交流和实践的语言，其对话模式可以从第三人称到第一人称的转换，更加贴近受众，维护社群关系和共享情感。

对于不同场景中的直播，直播口语强调传播信息必须与场景感知适配。所以，基于场景的服务和社交传播，直播口语除了保留传统传播语言，还要注重网络社交的语言特点。

二、直播口语的类型

不同场景中的直播，促使直播语言不断发生适应性的改变。目前直播口语还没有准确的界定，参照不同直播的场景内容对应直播口语的类型如表1-1所示。

① 索绪尔.普通语言学教程［M］.高名凯，译.北京：商务印书馆，2011：57.

表 1-1　直播口语的类型

直播类型	综艺晚会直播	突发事件直播	体育赛事直播	电商带货直播	线上教学直播
口语类型	主持人主持口语	记者报道口语	解说员解说口语	主播营销口语	教师网课口语

三、直播口语的特点

网络直播的开发使得直播语言具有新的特点。

（一）使用短句简洁化

直播是直接播出，直播语言是说出即逝。声音转瞬即逝的特点决定了直播语言不能太烦琐、太复杂，因为受众没有时间反复推敲和仔细琢磨。因此，为了让受众听得见、听得清、听得懂，直播口语多使用短句。简单的短句可以让表达更明确，受众感觉轻松。简单的短句不仅可以句式多变，还可以将短句整合成整句，化散为整。

（二）通俗易懂口语化

口语是说给受众听的，要避开书面语的生涩、深奥，少用复杂的结构句式，少用生僻字，要让人一听就懂。比如将书面语“尴尬”转变为口语“不好意思”；书面语“吝啬”转变为口语“小气”等。

（三）网络语言独特化

网络语言是新颖、个性化语言的表现，带有明显的网络时代特征，具有方便快捷、言简意赅、诙谐幽默、人情味浓等特点。例如网络热词“给力”曾在《人民日报》头版头条标题《江苏给力“文化强省”》中出现。这一事件也被网友们评为当年的“十大文化事件”之一。

（四）服务受众互动化

直播气氛浓厚，真实感强，最容易引起观众的参与意识，现场直播是所有节目中最能体现传收双方互动的形式。如果说话更多时候是表达者要完成的任务，那么在直播中说的话则是要双方共同完成的。说话是单向的输出，而沟通是双向的互动。在直播过程中，利用网络优势，观众通过聊天、评论、弹幕等表达自己的参与需求，直播中的表达者与其积极互动。例如晚会直播中来电宣读，电商或网课中的解答，访谈节目、游戏节目、比赛节目中观众积极参与等。这种观众人数多、参与度高、相互感染的情绪从某种意义上说是一种集体行为，体现出集体凝聚力。

第二章　策划活动直播口语

主持人—主持

第一节　策划活动

一、策划活动概说

早在《后汉书》中就出现了“策划”一词，“策”是指计谋、谋略，“划”是指设计、筹划、谋划。研究者对于策划有不同的见解，有的人认为策划是通过实践活动获取更佳效果的智慧，它是一种智慧创造行为；有的人认为策划是一种程序，本质上是一种运用脑力的理性行为；还有的人认为策划是一种对未来采取的行为做决定的准备过程，是一种构思或理性思维程序。

20世纪80年代，中国实行改革开放，策划在企业经营活动中发挥着推动经济的积极作用。很快，策划应用到影视剧、报纸，以及广播电视综艺、新闻节目等领域。就节目策划而言，在20世纪80年代中期，广东珠江经济台率先以“大时段、多主题、勤转换”的主持人直播大板块节目发起节目改革，引起全国许多同行效仿。

策划的活动对象包括新闻纪实活动，如珠峰登顶、三峡截流、日全食等重大国家事件直播报道，这类新闻纪实活动是可预知的，并且能够提前作出计划、安排，又被称为组织报道，在新闻界基本得到一致认可。

策划的活动对象也包括综合艺术活动，如中秋、春节、元宵等传统节日的庆典文艺演出活动，为这类活动创作的节目在录制或直播之前其实已是万事俱备，只需按照策划的流程、内容等进行，只等开播。即使在实施过程中出现突发情况，通常也准备好了应对方案，按既定方案播出即可，该类活动策划性很强。

二、综合艺术节目

综合艺术节目简称综艺节目，其始祖为新闻节目和音乐节目。“综”是综合，“艺”是艺术，“综合”是指充分运用科学技术手段、声画表现手法，如声光效果、时空的自由转换、独特的视觉造型等，“艺术”是指广泛融合音乐、舞蹈、戏剧、戏曲、曲艺、杂技等艺术形象和游戏、竞技等非艺术形式为一整体。综艺节目综合了多种艺术形式，并对各种艺术形式进行二度创作，既保留原有文艺形态的艺术价值，又充分发挥电子创作的特殊艺术功能。它用以满足广大受众多方面的艺术审美和休闲娱乐等需求，是一种给受众提供文化娱乐审美享受的电视节目形态。

2017年人民网《互联网背景下综艺节目发展趋势研究》一文指出：“综艺节目是一种综合多种艺术形式并带有娱乐性的电视节目，给大家带来很多欢乐。现在逐渐产生互联网综艺节目，脱胎于传统电视综艺节目依托于互联网的方式进行传播，是一种新兴的综艺形式。”2015年4月15日北京高级人民法院发布的《北京市高级人民法院关于审理涉及综艺节目著作权纠纷案件若干问题的解答》中，对综艺节目的定义：综艺节目，主要是指以娱乐性为主的综合性视听节目，包括但不限于婚恋交友类、才艺竞秀类、文艺会演类等类型。

（一）综艺节目的分类

关于综艺节目的分类，随着策划创新层出不穷，不断打破界定，探索发展，通常有以下几种分类。

1.按播出样式分类

栏目是电视综艺娱乐节目存在的主要样式，栏目有着固定的播出时间、固定的时段和时长以及相对固定的主持人、节目模式、节目流程等。在栏目的范畴下，还派生出以下几种形式：特别节目，指电视综艺娱乐栏目为特定的节日、假日和主题专门制作并在特定时间播出的节目；系列节目，指电视综艺娱乐栏目围绕同一主题或者按照同一节目模式制作并在特定时间连续播出的节目；电视活动，近年来许多电视大型活动盛行于荧屏，其中有不少是由电视综艺娱乐栏目发起的，在活动频次上，电视活动有的以赛季为一个周期，有的是跨年度举办，有的是一次性的，各种各样。

电视综艺晚会是综艺节目的另外一种主要播出形式。最具代表性的电视综艺晚会是央视自1983年起每年一度的电视春节联欢晚会（简称“春晚”），还有“五一”“中秋”晚会等节庆晚会，以及各种各样的主题晚会。

2.按节目要素分类

第一种是娱乐资讯类，这类节目在各级电视台普遍存在，内容以报道近期或当日发生在明星演艺圈、大众娱乐圈的新闻资讯，具体呈现方式为“演播室的主持人播报+现场报道”。这类节目一般情况下使用一个或多个主持人完成串场，以外景主持和外拍画面作为节目的主要内容。

第二种是娱乐谈话类，这类节目是谈话节目的一个主要分支，一般由一个或两个固定的主持人进行主导，每期邀请一位或多位明星嘉宾进行演播室访谈（此类也称为明星谈话节目），或者邀请普通观众参与到节目中来，谈话内容不一而足，如人生、情感、婚恋、友情、感受、体会等。一些追求幽默、轻松风格的夜间谈话节目也可列入娱乐谈话节目。

第三种是综艺表演类，这类节目是中国电视的传统强项，作为主要节目样式，综艺晚会在20世纪80年代至20世纪90年代中期一直占据电视综艺的主流①。因为绝大多数的晚会是由主持人串联在一起的各种文艺样式的大会演、大综合，所以“综艺”一词也由此得来。晚会的基本模式是“主持人串场+明星表演”。20世纪80年代是晚会鼎盛时期，每到周末，电视上播放着各式各样的晚会，后来还出现了晚会型栏目，如《综艺大观》等。20世纪90年代中后期，综艺表演类晚会开始分化，出现以单一文艺形式为节目内容的栏目，“综艺”走向“分艺”，如音乐方面出现了《同一首歌》《音画时尚》《中国音乐电视》，舞蹈表演方面有了《舞蹈世界》，曲艺杂技表演出现了《曲苑杂坛》《国际艺苑》，相声小品表演方面出现了《周末喜相逢》《演艺竞技场》《南北笑星火辣辣》，戏剧方面出现了《梦想剧场》等。20世纪90年代后期到新世纪初，综艺表演类节目在游戏娱乐、益智博彩风潮的影响下走向萎缩。后来有所复苏，涌现出一些新型综艺表演类栏目，如由《综艺大观》原班人马打造的《欢乐中国行》，以打造栏目音乐剧《心灵俱乐部》著称的《新视听》栏目等。

第四种是游戏娱乐类，这类节目以“明星+游戏”为节目基本模式，表现手段包括才艺表演、杂耍、滑稽表演等。相对于娱乐新闻、综艺谈话、综艺表演类节目，游戏节目更能体现娱乐的宗旨，更注重搞笑元素的发挥。

第五种是益智竞技类，纯粹的益智类节目是以“知识+财富”为基本模式的，在发展过程中，许多益智类节目融入游戏、真人秀和谈话等节目元素，使节目在益智的基础上增添了竞技的色彩，这也是将此类节目并称为益智竞技类的主要原因。益智竞技类节目具有较强的博彩性质，其特点

① 李岭涛，王艳，李冬梅，等.电视综艺节目创新研究［M］.北京：中国国际广播出版社，2019：18.

一是竞争性，二是刺激性，三是真实性[1]。

第六种是“真人秀”，即娱乐类“真人秀”，泛指由导演组制定规则、由嘉宾参与并全程录制播出的电视竞赛或游戏节目。“真人秀”娱乐的关键在于节目可以使普通人成为节目的主角，所以一经出现，一方面获得了观众的追捧，另一方面还迅速融入其他类型节目之中，成为其他类型节目不可缺少的构成元素。

从以上内容可以看出，电视综艺娱乐节目不但节目播出样式多种多样，而且节目内容的构成要素丰富多彩，由此形成了复杂多元的电视综艺娱乐节目格局。这一格局为相关的策划实践提供了丰富的手段与元素。此类节目资源丰富、种类繁多，并且还在不断打破节目边界创新发展，因此很难对其分类。为了便于认识，本节从以下几个方面对其进行分类，如表2-1所示。

表 2-1　综艺节目的分类

<table>
<tr><td rowspan="4">分类法一</td><td rowspan="4">播出样式分类法</td><td rowspan="3">综艺娱乐栏目</td><td>特别节目</td><td>例：《欢乐中国行》“五一特别节目”（中央电视台）</td></tr>
<tr><td>系列节目</td><td>例：《新视听》栏目情景音乐系列剧《心灵俱乐部》（中央电视台）</td></tr>
<tr><td>电视活动</td><td>例：《CCTV 电视节目主持人大赛》（中央电视台）</td></tr>
<tr><td colspan="2">综艺晚会</td><td>例：《中央广播电视总台春节联欢晚会》（中央电视台）</td></tr>
</table>

① 王录. 电视综艺节目特色与走向［M］. 北京：中国广播电视出版社，1999：68.

续表

<table>
<tr><td rowspan="16">分类法二</td><td rowspan="16">节目要素分类法</td><td colspan="2">资讯</td><td>例：《影视同期声》（中央电视台）</td></tr>
<tr><td colspan="2">谈话</td><td>例：《杨澜访谈录》（北京卫视、浙江卫视）</td></tr>
<tr><td rowspan="6">表演</td><td>音乐</td><td>例：《中国好声音》（浙江卫视）</td></tr>
<tr><td>舞蹈</td><td>例：《舞蹈世界》（中央电视台）</td></tr>
<tr><td>戏曲</td><td>例：《戏苑百家》（中央电视台）</td></tr>
<tr><td>相声</td><td>例：《德云斗笑社》（腾讯视频）</td></tr>
<tr><td>小品</td><td>例：《喜剧总动员》（浙江卫视）</td></tr>
<tr><td>脱口秀</td><td>例：《奇葩说》（爱奇艺）</td></tr>
<tr><td colspan="2">游戏</td><td>例：《开门大吉》（中央电视台）</td></tr>
<tr><td rowspan="2">竞技</td><td>室内</td><td>例：《最强大脑之燃烧吧大脑》（江苏卫视）</td></tr>
<tr><td>户外</td><td>例：《奔跑吧兄弟》（浙江卫视）</td></tr>
<tr><td colspan="2">真人秀</td><td>例：《爸爸去哪儿》（湖南卫视）</td></tr>
<tr><td colspan="2">相亲</td><td>例：《非诚勿扰》（江苏卫视）</td></tr>
<tr><td colspan="2">问答</td><td>例：《智力快车》（中央电视台）</td></tr>
</table>

当然，也可以从其他角度分类，如图2-1所示。

图 2-1　综艺节目分类示意图

（二）文艺晚会

在各式各样的综艺节目中，文艺晚会节目的综合艺术性强，受众参与度高，现场实况直播多，晚会节目直播也成为一种常态直播。

文艺晚会节目一般有传统节日晚会、庆典或纪念晚会、艺术活动颁奖晚会及各种艺术门类的专场演出晚会等。传统节日晚会如中秋、春节、元宵晚会等；庆典纪念晚会如《伟大征程——庆祝中国共产党成立100周年大型情景史诗》《两岸一家亲——纪念两岸开放民间交流30周年特别节目》《庆祝香港回归祖国20周年文艺晚会》等；艺术活动颁奖晚会如中国金鸡百花电影节颁奖晚会、中国金鹰电视艺术节颁奖晚会；艺术门类专场演出晚会如舞蹈晚会、音乐晚会、朗诵晚会、戏曲晚会等。

中央广播电视总台春节联欢晚会通常简称央视春晚或春晚，是中央广播电视总台在每年除夕之夜为了庆祝新年而举办的综合性文艺晚会。春晚起源于1979年，正式开办于1983年，2014年被定位为国家项目[①]。

① 宫承波，张君昌，王甫.春晚三十八年：伴行改革开放　欢乐国人大年［M］.北京：中国广播影视出版社，2020：12.

春晚于每年除夕20:00在中央电视台综合频道、综艺频道、中文国际频道、国防军事频道、少儿频道、奥林匹克频道、农业农村频道等现场直播。在线播放平台包括央视网、央视新闻、央视频、云听、央广网、国际在线。在传播方式上，以现场直播为基本手段，采用EFP（Electronic Field Production，电子现场制作）和ESP（Electronic Studio Production，电子演播室制作）方式，多机拍摄，现场切换，同期录音。现场直播实现了拍摄与播出的同时性，强化了“此刻”的概念，增强了观众的现场感和参与感。多机拍摄、导播现场切换，通过不同机位、不同角度，丰富了画面表达，向电视机前的观众展示各个表演层面和侧面。

自1983年以来，春晚在恪守本真、坚守初心的基础上，不断锐意进取、大胆创新，在坚持节目方向性、文化性、艺术性的同时，也在节目形态、创作理念、制作技术、传播模式等方面积极探索，已经成为铭刻在中华民族基因深处的集体记忆。

第二节　主持人口语

一、主持人的出现

中央电视台1980年《观察与思考》节目中第一次出现了“主持人”3个字。1981年中央人民广播电台“空中之友”栏目，徐曼主持。同年，央视的《北京中学生智力竞赛》节目由赵忠祥主持。1982年央视《为您服务》专题栏目，沈力担任主持人。1983年，中央电视台第一届春节晚会亮相的马季、姜昆、王景愚、刘晓庆成了春晚的主持人。其中马季、姜昆是相声演员，王景愚是哑剧演员，刘晓庆是电影演员。

综艺节目是各种艺术门类的集大成者，主持人作为传播过程中连接节目与观众的中介，需要具备多方面的素质，包括丰富的生活和文化知识、机敏的反应、灵活对答的语言能力、机智的幽默感以及一定的表演能力。与其他类型节目主持人不同，综艺节目主持人不仅要用语言、表情、手势作为表达手段，还要使用更复杂的各种互动。

综艺节目是一种演员、现场观众和节目主持人共同参与的电视文艺节目形式[①]。综艺节目内容活泼，娱乐性、趣味性较强，受到许多观众的欢迎，收视率较高。综艺节目中表演类节目虽然也有观众参与，演员也会有各种即兴表演，但其主要目的还是欣赏节目中演员的正式表演，这类节目带有晚会的味道，主持人往往与嘉宾互动并参与其中。

综艺节目中游戏类节目是以竞赛为目的的，在动作游戏中以身体动作为比赛手段，分组进行比赛，以分数多少决定名次。在智力游戏中以知识、智力和反应作为比赛手段，分组进行比赛，得分多者获胜。游戏类节目为了满足观众对明星名人的好奇心，常常邀请演员、歌手及社会知名人士参加，有的节目还有丰厚的奖品奖励获胜者。为了吸引观众，节目现场有时还设有听众热线，鼓励一般电视观众参与节目。主持人需要起到穿针引线的作用。

有资料显示，在中央电视台1997年《我与春节联欢晚会》的观众调查中，主持人串联词的欢迎指数为3.38，仅次于小品、相声和歌曲，在最受欢迎的晚会内容或形式中名列第四，由此可见综艺节目主持人语言活动在节目中的重要作用和受关注程度。

---

① 王国臣.电视综艺节目编导［M］.杭州：浙江大学出版社，2011：3.

二、综艺节目主持人的口语功能

（一）串联词

综艺节目是各种艺术门类的集大成者，主持人的串联词是其重要组成部分。主持人的语言活动在综艺节目中被形容为“现场的导演”、串联节目的“有机经纬”，是“串起晚会这条美丽项链的那根线”。的确，主持人要把容纳多种艺术形式、沟通现场和电视机前的时空氛围的综艺节目组合成一个整体，在完成场景转换的同时，还要在直播现场富于创造性地完美体现编导意图，保障节目安全顺畅播出。应该说主持人是面向观众最好、最方便、最直接、最灵动的元素，是保证整台节目“形散而神不散”的关键，有了主持人现场的组织和串联，才产生了观众与节目、场内与场外的情感互动。主持人是整体风格的体现者。

主持人串联词的内容可以从以下两个角度来说明。

有备：主持人话语的内容和指向一方面关系着所有节目以生动形象、丰富感人的语言烘托气氛、串联节目，另一方面关系着现场及不在现场的数不清的观众。

即兴：主要是指主持人脱离原文稿的临场发挥，一方面是主持人营造气氛、掀起高潮的灵活多变的即兴发挥，另一方面是主持人补台、救场的机智幽默的临场应变。

（二）风格特色

主持人的语言风格应是文学性与生活化并重，文采和口语熔于一炉。文采和口语熔于一炉的串联词，体现了观众雅俗共赏的审美需求，符合人们对电视综艺节目“贴近亲和”的观赏心理。主持人的语言就像控制节奏的润滑剂和渲染气氛的兴奋剂一样，构成了整台节目的脉络，所以主持人的语言格外重要。

一定的风格和个性是综艺节目主持人同样需要具备的，特别是相对固定的综艺节目主持人，观众往往把他们看作栏目的标识。主持人的个性主要是经由语言表现出来的，他们的个性应与节目风格相协调。如果主持人的语言缺失鲜活的个性，再辞藻美丽、气势昂扬、字句讲究、声音洪亮也无济于事。

（三）形式

有报幕式主持人，有串场式主持人，有播报式主持人，有操作式主持人，有解说式主持人，有组织式主持人，有访问式主持人……这样的划分，主要在于主持人的思维方式，一类是背诵已经准备好的稿子，或眼看提示器播报；另一类则是在准备好思路的基础上即兴组织语言。前一类主持人比较容易适应，后一类主持人就要依靠一定的语言能力和知识基础。

随着直播越来越多地应用于综艺节目中，主持人必须参与第一现场，使观众能在第一时间获得信息，从而得到现场参与的真实感。主持人在直播中是直接面对受众的信息传播者、组织者，也是面对观众的节目主导者、现场驾驭者，要根据现场的变化即兴做出解说、评论，临时选择介绍资料以及协调和补充。

三、综艺主持人的口语特点

（一）庄重而个性

综艺节目主持人，特别是舞台活动主持人的语言具有庄重而个性的特点。主持人的语言起着单向传递和双向交流的作用，不仅要把节目信息传达给观众，还要吸引观众的注意力，把握观众的需求。一般来说，主持人应用的都是标准普通话，但是在普通话之外，还有一些规范性口语，体现了庄重的特点。每个主持人都有自身的特色，为了突出这种特色，主持人的语言也具有个性化特征。

（二）丰富多样

为满足不同层次观众的需要，综艺舞台活动的内容具有多样性和思想性。整场活动的节目内容不仅要有一定的思想性，而且要注重不同层次观众需要的娱乐性，主持人的语言丰富多样才能充分展示节目的丰富多样。

（三）充满正能量

如果整场综艺活动以积极正能量为主线，宣扬时代优秀风貌，那么主持人的语言应积极、热烈、温暖、亲和。

（四）夸张而节制

综艺节目主持人的语言具有夸张而节制的特点。语言是表达感情的媒介，主持人要想和观众进行情感交流，就要调整自己的语言。很多舞台活动中的主持人被分为两类，一类是场内主持人，一类是场外主持人。场内主持人和场外主持人面对的观众类型不同，观众的心理预期也不同。对场内观众来说，主持人的语气应该是节制有礼的，对场外观众来说，主持人的语气可以适度夸张。

（五）朴素而诚恳

声音和情感密切相关，不同的声音可以传达不同的情感。为了表达情感，舞台活动主持人也会进行声音的调整。为了贴合大众，主持人的语言是朴素的，为了体现活动中主持人的交流感，其语言必须诚恳。

第三节　主持人直播口语实训

一、案例解读

（一）有备营造

1. 古诗词与主持词

诗歌的意境简单地说就是创作诗歌的环境，是诗人的主观情感与客观景物相互交融而创造出来的浑然一体的艺术境界，可以是写作时的场景，也可以是回忆，或者是心中所想而现实却达不到的场景。诗歌的意境是作者的心境和感受，是超越具体和有限的物品、事件、场景，进入无限的时间和空间，从而对整个人生、历史、宇宙获得一种哲理性的感受和领悟。

我们从以下案例感受古诗词的情景交融。

意境古诗《江雪》（作者：柳宗元）

千山鸟飞绝，万径人踪灭。孤舟蓑笠翁，独钓寒江雪。

这首诗描绘出一幅冰天雪地中，没有路人、没有飞鸟，只有一位垂钓老翁默然坚守的江雪图。诗中一片雪白，飞鸟绝迹，人踪湮没，渔翁的形象清晰而突出。这首诗，诗中有画，画中有诗，带给我们幽僻、苍茫、孤冷、情调凄寂的意境。

节目《经典咏流传》是将古诗词巧妙运用到主持语言中的典范，该节目是中央电视台综合频道和央视创造传媒有限公司联合制作推出的文化音乐类节目。《经典咏流传》响应落实中国共产党第十九次全国代表大会报告中“推动中华优秀传统文化创造性转化、创新性发展”的精神，用“和诗以歌”的形式将传统诗词经典与现代流行相融合，在注重节目时代化表达的同时，也将深度挖掘诗词背后的内涵，讲述文化知识、阐释人文价值、解读思想观念，为现代文明追本溯源，树立文化自信[①]。

《经典咏流传》中的主持词借鉴诗歌的情景交融，充实意境美。主持人的开场语言设计运用大量诗词，充满文化的力量，直击人心！诗不仅精炼、优美，它还是展示圣贤先哲们的非凡智慧的语言，它是抒发着人类美好情感的语言。

> 人生如一场修行，得意时，一日看尽长安花；艰难时，潦倒新停浊酒杯。但生命的跋涉不能回头。
>
> 莫愁前路无知己，天下谁人不识君，是激励；
>
> 桃花潭水深千尺，不及汪伦送我情，是真挚；
>
> 劝君更尽一杯酒，西出阳关无故人，是牵挂；
>
> 晚来天欲雪，能饮一杯无，是温暖；
>
> 洛阳亲友如相问，一片冰心在玉壶，是告慰。
>
> 舴艋舟都载不动的离乱之愁，白日放歌须纵酒的还乡之喜，磨损胸中万古刀的不平之怒，不思量，自难忘的悼念之哀，几处早莺争暖树的游春之乐，像一本本心灵相册，等待着我们去打开。
>
> 这里有荡胸生层云的旷达，有潇潇雨歇的畅怀，有长叹兮一夜涕兮的悲悯，也有悠悠我心的真情。

---

① 李慧.央视《经典咏流传》节目将开播［N］.光明日报，2018-01-19.
吴亚雄，蒋波.《经典咏流传》开创文化节目2.0时代 “和诗以歌”造未来经典文化［N］.中国日报，2018-01-17.

哪怕畏途巉岩不可攀，也要会当凌绝顶；

哪怕无人会登临意，也要猛志固常在。

从经典中汲取九万里风鹏正举的力量，历练也无风雨也无晴的豁然。

望3000年诗词，长河滚滚，与新时代青春做伴，与君歌一曲，请君为我侧耳听。

在一些婚庆主持词中常常引用诗词或主持人自己创作的诗词，表达更丰富的意境。

男主持：这是新郎某某、新娘某某共同的爱情寄语，“十年修得同船渡，百年修得共枕眠”。我们也真心地祝愿他们百年好合，千禧良缘，万事盛意！

女主持：百年佳偶今朝合，一世姻缘此时成。

男主持：不劳鸿雁传情语，且喜春声入洞房。

女主持：玉律鸣秋鹊桥路近，金风送爽鱼水合欢。

男主持：喜今日银河初渡，祝来年玉树生枝。

男女主持合：再祝新人甜蜜长久、好合百年。

男主持：我宣布某某婚礼圆满礼成。

这段主持词应用诗词、歌词、成语，信息量大，而且意境深远，效果很好。

继续来看下面这一段主持词。

主持人A：今天是某年某月某日，18对新人即将接受历史的赋予，奏响人生历程壮美的乐章。

主持人B：今天，他们将在这里举行一生中最隆重、最辉煌的婚礼庆典。

主持人A：暖冬喜宴八方客，艳阳笑迎粉佳人。这是一个难忘的日子，这是一场别开生面的婚庆大典！围绕“真情常相伴，琴瑟永和谐”的主题。

主持人B：秉承“融入大局，倡导新风，服务青年”的理念，将18对新人最辉煌的瞬间融入蜚山兰水的记忆中。

时间，“暖冬喜宴八方客，艳阳笑迎粉佳人”；事件，婚庆大典；气氛，“暖冬”“艳阳”“喜宴”“笑迎”；夫妻感情，“琴瑟永和谐”。好一个情景交融的盛大婚礼呀！

再看某学校文艺会演的主持词，如下所示。

幽幽云水意，漫漫古典情。诗情画境的晕染为我们带来流动的娴静。请大家随着动人的舞蹈穿越书法的妙境，伴随优雅的琴韵体会超越喧嚣的古韵墨香。下面请欣赏某某为您带来的节目。

一句“幽幽云水意，漫漫古典情”，立刻带受众进入诗词悠远、雅致、舒展、唯美的意境。“诗情画境”“古韵墨香”本身就是意境美语。

下面这段主持词中模仿并改编了毛泽东主席的《沁园春·雪》。

主持人A：忆往昔，革命志士抛洒鲜血，为了祖国美好的今天献出生命。

主持人B：看今朝，中华才子献身科学，奥运健儿顽强拼搏，为华夏争得辉煌的成就！

毛泽东主席是伟大的领袖，他的诗词铿锵有力，大气磅礴。主持人借用伟人诗词的气魄，赞颂中华儿女的赤诚。

2.现代诗歌与主持词

意境现代诗歌《感觉》（作者：顾城）如下。

天是灰色的/路是灰色的/楼是灰色的/雨是灰色的。/在一片死灰中/走过两个孩子/一个鲜红/一个淡绿。

这首诗表达了在反差很大的灰色与鲜红、灰色与淡绿中，诗人发现了一种生机，象征诗人内心追求的希望。

意境现代诗歌《再别康桥》（作者：徐志摩）如下。

轻轻的我走了，正如我轻轻的来；我轻轻的招手，作别西天的云彩。那河畔的金柳，是夕阳中的新娘；波光里的艳影，在我的心头荡漾。软泥上的青荇，油油的在水底招摇：在康河的柔波里，我甘心做一条水草！那榆荫下的一潭，不是清泉，是天上虹；揉碎在浮藻间，沉淀着彩虹似的梦。寻梦？撑一支长篙，向青草更青处漫溯，满载一船星辉，在星辉斑斓里放歌。但我不能放歌，悄悄是别离的笙箫；夏虫也为我沉默，沉默是今晚的康桥！悄悄的我走了，正如我悄悄的来；我挥一挥衣袖，不带走一片云彩。

优美的诗句引领我们陶醉在纯情意境中，感受着缠绵、眷恋、深沉、飘逸、细腻、憧憬的情感世界。

上海人民广播电台《午夜星河》的一期节目的结束语巧妙地运用了这首诗。

“康河的柔波”伴着“星河”的清流缓缓东去。朋友们，今晚的聚会就要结束了，“轻轻地，我走了，正如我轻轻地来，我挥一挥衣袖，不带走一片云彩”。

该节目名为《午夜星河》，“康河”对应“星河”，借鉴诗歌的缠绵、眷恋之情，表达主持人对受众依依不舍之情。主持词的设计很适合安静的夜间节目。

上海东方电视台《共度好时光》特别节目——上海东方电视台台庆三周年特辑节目主持人所做的一段终结语就借用、改编了诗意语言。

主持人A：这里是太阳眷念的东方，阳光在这里孕育，希望在这里成长。

主持人B：这里是海风吹醒的东方，种子在这里萌动，思想在这里豁然开朗。

主持人C：回首3年路，记住奋斗的甘苦，但不沉醉于成功的喝彩，挥挥手，不带走一片云彩！

主持人D：笑看三年情，握住共同的理想，但不沉醉迷于遥远的幻想。握握手，未来在我们的手中。

主持人合: 这是我们年轻的东方，它充满着无穷的力量。

主持词不仅借用了《再别康桥》的诗句，应该说，整篇主持词都是一首现代诗，具有诗的唯美，诗的意境，引领意味浓厚。将散文诗般的意境融入主持词，增加了语言的意境美。这段主持词意境高雅，充满诗情画意。

在浙江卫视的节目《他们在播种爱情》中，主持人有这样一段开场白。

每天都是这样，夏日的夜晚在自然界的小合唱中悄悄地降临了，人们结束了一天的繁忙，带着各自一点小小的心愿，来到西子湖边，向这位蒙上深色面纱的自然的女儿要几片荷叶讨几缕清风，索取几分应得的安闲和情爱。人们都说，夜西湖是爱的西湖，那幽幽的小船，那静静的苏堤，那阮公墩仿古园的建筑古园的古筝，那湖心亭飞檐上的彩灯，都记下了人世间各种各样爱的故事。就在这样一个夜晚，我们浙江人民广播电台的记者到“爱的西湖”进行了采访。

主持人用诗一般唯美的语言尽情地渲染“爱”的甜蜜，把西湖比作爱神，“静静”“幽幽”，在古筝的音乐中，在清风的抚慰中，在荷花的陶醉中，记下了人世间各种各样爱的故事。多美！

下面来看中央广播电视总台《感动中国》2021年度人物颁奖盛典的主持词。

主持男：亲爱的观众朋友们，大家好！这里是中央广播电视总台《感动中国》2021年度人物颁奖盛典的现场，欢迎您的关注。

主持女：每一年的冬天，我们都在盼着春天的到来，我们像花草一样发芽，随着四季的变化而生长，我们爱着身边的人，也爱着脚下的土地，时间从来不会为谁而停留，每一年我们都会遇到新的春天，而那些美好却永远种在了我们心里。

主持男：也许是因为1月份过年，所以感觉今年的春天来得比往常更早一些。看景点、商区，大街小巷人群重新变得熙熙攘攘，你就知道，那个充满酸甜苦辣的平常日子又回来了。然而不管是什么样的日子，感动从未缺席。这不，它又带着温暖和力量再度如约而至。

主持女：今天的感动我们要从一位老人说起，从小他就记住了长辈们传下来的家训，利在一身勿谋也，利在天下者必谋之，所以他用数十年的时间，为中国建起了一座打不烂的地下钢铁长城。

主持男：有一对夫妻，两个人加在一起只有一只手一双脚，面对这样的家庭，很多人担心这日子可怎么过呀，但这两口子用自己的生活告诉大家。日子不仅要过，还要过得好好的。因为幸福都是奋斗出来的。

有请感动中国人物张顺东、李国秀上台。

《感动中国》是中央电视台综合频道打造的一个精神品牌栏目，由中央电视台新闻中心社会专题部活动直播组承办，通过多种投票方式选取年度震撼人心、令人感动的人物和团队。《感动中国》的主持人，能够给人一种深沉感、凝重感和仪式感。主持词既有诗画般的唯美、淳朴，又体现出典礼的端庄、大气。

下面是中央电视台综合频道CCTV-1《朗读者》第二季第6期的主持词。

“路”这个字是由足和各组成的，仿佛告诉我们，路在脚下，各自有各自的路。或许是凯鲁亚克《在路上》中的“我们永远年轻，永远热泪盈眶”，或许是李娟的“沿着漫漫时光，沿着深沉的威严和恐惧，崎岖至此的道路”，前面是看得见的世界，后面是回得去的家乡。究竟什么是路？路就是道，道就是规则、法则，道路的故事充满了人生的经验。没有路的时候，心里会彷徨，路多的时候心里又会迷失。走好选择的路，别只选好走的路。

主持词一开始通过拆字说明本期主题的含义，“路”由足和各组成，每个人走出属于自己的路，对应节目邀请到科学家、演员、作家、编剧、歌手等嘉宾，分享他们各自走过的“路”。散文诗一般的主持词优美舒缓，真情流露，缓缓流淌，一直流到观众的心里。

3.歌词与主持词

诗歌《面朝大海，春暖花海》（作者：海子）如下。

从明天起，做一个幸福的人/喂马、劈柴，周游世界/从明天起，关心粮食和蔬菜/我有一所房子，面朝大海，春暖花开/从明天起，和每一个亲人通信/告诉他们我的幸福/那幸福的闪电告诉我的/我将告诉每一个人/给每一条河每一座山取一个温暖的名字/陌生人，我也为你祝福/愿你有一个灿烂的前程/愿你有情人终成眷属/愿你在尘世获得幸福/我只愿面朝大海，春暖花开。

这首诗曾被改编成歌曲，或童声合唱的，或不同版本的通俗歌，广泛传唱。“喂马、劈柴、粮食、蔬菜”的现实物质世界，好似平实，却很温暖。我们的世界如诗一样唯美、恬静、温暖、和谐。

好的诗歌可以传唱，反之，好的歌词就是诗歌。

意境歌词《青花瓷》（演唱：周杰伦）节选如下。

……而你嫣然的一笑如含苞待放，你的美一缕飘散，去到我去不了的地方。……在泼墨山水画里，你从墨色深处被隐去。

这首具有浓郁中国古代韵味的现代流行音乐作品，在江南烟雨朦胧水墨山水画中，“我”对“你”的“等”是多么悲凉凄美。歌词意境清雅脱俗，悠远绵长。

下面几段引用歌词的主持词表达效果较好。

中央电视台的《相约夕阳红》一期以“老夫老妻”为主题的节目开场白如下。

观众朋友们大家好，欢迎大家参加我们这一期的《相约夕阳红》。前不久我在街上偶尔听到这么一首歌，有两句歌词我印象特别深，大概是这样唱的，“我能想到最浪漫的事，就是和你一起慢慢变老，然后坐在摇椅上慢慢摇，那时我们老得哪儿也去不了，但是你仍然把我当作掌心里的宝”。（掌声）后来回来我跟我办公室的一个年轻的同事说了。他说：“哎哟你都不知道这首歌在现在的小青年当中火得是一塌糊涂，大家特别喜欢。”我想在座的很多老年朋友听到这首歌唱词的这种感觉、这种意境，恐怕会有自己切身的感受和体会。今天我向大家介绍两位新朋友，这是一对老夫妻，我们一起请他们坐在这张不能摇的椅子上，慢慢聊聊他们一起变老的生活故事。下面我们欢迎他们二位老人上场。

主持人借助歌词讲述自己的经历和感受，巧妙带出嘉宾，自然地营造出温情的互动氛围，有效地烘托了节目气氛。

以下是几段借助歌词设计的主持串词。

“当你离开的时候，我送走你的只有沉默。当你离开我的时候，我绝不会把泪滴落。”这是金达莱花的歌词大意，相信朝鲜族金达莱花的舞姿会像歌词一样优美，让人回味。下面请欣赏节目《金达莱花》。

（主持人唱）“是谁带来远古的呼唤，是谁留下千年的期盼”，这首歌自打年初就开始被人无数次地翻唱，不过下面的演唱，绝对会给您带来不一样的感受。

（主持人唱）“因为有爱，我们才牵手，因为有爱，我们才会风雨同舟。”与身边爱自己的人共同牵手，一同遨游，幸福生活才能没有尽头。下面欣赏歌曲《牵手》。

（主持人唱）“房子大了电话小了，生活越来越好，假期多了，收入高了，生活越来越好。”同样把这首歌献给大家，祝愿在场的每一位观众，每一位即将走出大学的毕业生，工作顺利越来越好。

4. 成语与主持词

季羡林先生在《五堂国学课》中，对中国特有的成语和典故作出高度评价："是一种语言的精华，是一个民族智慧的结晶，是高水平文化的具体表现。短短几个字或一句话，却能唤起人们的联想，能蕴含无穷无尽的意义，有时是用千言万语也难以表达清楚的。"

下面来看某新年晚会《世纪畅想》的主持词。

主持人A：听啊，听新世纪的钟声敲响。

主持人B：盼啊，盼东方地平线上那第一缕曙光。

主持人A：二十世纪的历史风云迭起、波澜壮阔。

主持人B：二十世纪的中国更是走过了大悲大喜、大起大落。

主持人A：那一刻，泰山不再巍峨；那一刻，长江不再辽阔。

主持人B：那一刻，北风呜咽；那一刻，黑雨滂沱。

主持人A："雄鸡一唱天下白"，一位伟人，天安门上只一挥手；大江南北、四面八方亿万同胞的欢呼，构成了世上最美丽的风光。百年屈辱，从此成为教科书上的记忆；浩浩神州，掀开了新的篇章。

主持人B："东方风来满眼春"，又是一位伟人，拨正了历史航船的方向。也使两个新名词深入人心——改革开放，繁荣富强！

主持人A：光阴荏苒，岁月沧桑，东方红的历史万世传唱。

主持人B：人生苦短，道路漫长，春天的故事，永远珍藏。

主持人A：今天，

大开发的号角已经吹响，改革的浪潮起伏跌宕。

继往开来的领路人，带领我们把新的事业开创。

主持人B：站在新世纪的门槛上，我们有许许多多的期望。

主持人A： 我们期望，家庭团圆，祖国统一，华夏儿女，永不分离。

主持人B： 我们期望，教育繁荣，科技进步，祖国昌盛，人民幸福。

主持人A： 我们期望，世界和平，人类发展，霸权消亡，生活温暖。

主持人B： 我们期望，青山常在，绿水长流，青山绿水，天长地久。

主持人A： 听啊，听新世纪的钟声敲响。

主持人B： 盼啊，盼东方地平线上那第一缕曙光。

主持人A： 百年的希望，百年的畅想，百年的奋斗，百年的辉煌。

主持人B： 百年的坎坷，百年的刚强，百年的求索，百年的开创。

主持人A： 一百年的风云激荡，铸就了煌煌的华夏风采。

主持人B： 一百年的波涛起伏，卷起了堂堂的中国模样。

主持人A： 历史啊，请永远记住这一刻吧——公元2000年12月31日零点，新世纪的钟声敲响，我们就是新世纪的朝阳！

这段主持词运用了意境成语如风云迭起、波澜壮阔、光阴荏苒、岁月沧桑、人生苦短、道路漫长等，气势磅礴，极富感染力。

再来看某高校校园活动的主持词。

在这莺歌燕舞、百鸟争鸣、姹紫嫣红、绚丽多姿的日子里，我们迎来了我校第××届校园音乐会。

这里运用了意境成语如莺歌燕舞、百鸟争鸣、姹紫嫣红、绚丽多姿，彰显了校园音乐节的青春活泼。

下面是纪念五四运动八十三周年文艺晚会《五月的花海》的主持词。

主持人A： 我们是五月的花海，用青春拥抱时代。

主持人B： 我们是初升的太阳，用生命点燃未来。

主持人C：“五四”的火炬，唤起了民族的觉醒；壮丽的事业，激励着我们继往开来。

主持人A：历史不会遗忘，八十三年前民主和科学的大旗，爱国与救国的巨浪；马列主义的燎原星火，烈士鲜血的耀眼光芒。无数热血青年，从幼稚走向成熟，在党的指引下成长。

主持人B：他们犹如初生的婴儿，犹如灿烂的朝阳；开始照耀沉沉黑夜的中国大陆，给黑暗的中国带来了光明，给苦难的人民带来了希望。

主持人C：从“五四”到今天，八十三年过去了。八十三年风展红旗如画，八十三年峥嵘岁月如歌！八十三年的中国青年之路，是跟着共产党寻求真理之路；是冲破黑暗走向光明之路；是建设祖国实现繁荣富强之路；是迎接中华民族伟大复兴的胜利之路！

主持人A：回顾历史，多少热血青年为中华崛起呐喊冲锋；展望未来，会有更多的青春生命为中华腾飞创造奇迹。

主持人B：今天，让我们满怀深情，歌唱“五四”先辈；歌唱在红旗指引下，我们走过的如歌的岁月。

主持人C: 首先请欣赏……

这段主持词运用了意境成语如燎原星火、耀眼光芒、峥嵘岁月、呐喊冲锋，让观众听罢热血沸腾。

（二）即兴控场

1991年春晚出现“事故”，主持人倪萍用4张白纸救场，堪称教科书级的即兴控场。

1991年，倪萍第一次主持春晚，晚会中有很多国际友邻、海外华人等发来的贺电。接近零点时，工作人员临时递给倪萍4封电报，倪萍连看一下的机会都没有就要上场。当倪萍正准备念贺电时，发现手上拿着的竟是4

张白纸！由于是现场直播，时间可不等人，倪萍看着手上的白纸，不慌不忙地念起观众的“信件”。

我们是驻守在南沙群岛的海军官兵，虽然与首都北京远隔万里，但是中央电视台的春节联欢晚会的精彩节目把我们和祖国人民紧紧连接在一起了。

此时此刻，我们在红其拉甫守卫着祖国的边疆，希望祖国人民幸福安康。

一线工作人员向全国人民问好，孩子们向爷爷奶奶问好。

根据倪萍的回忆，她当时“嗡”的一下，脑子里一片空白，身上鸡皮疙瘩都起来了，浑身直打冷战。作为一档全国性的直播节目，她当时要向全国观众播报来自全球的新春祝福信件，她只能佯装镇定，急中生智“编”出电报内容，而观众完全看不出任何破绽。是主持人倪萍的临危不乱、随机应变，才避免了一场直播事故。

下面来看中央广播电视总台综合频道《开讲啦》节目主持人的机智表现。《开讲啦》“一带一路”特别节目中，荷兰鹿特丹市长将主持人撒贝宁比作上海，将自己比作鹿特丹，并且指出两人的距离有两米，撒贝宁马上以握手的方式拉近两人的距离，说道：

没有这么远，有了“一带一路”，上海和鹿特丹基本上就这点距离了。在过去我们的理念中，中国和荷兰，上海和鹿特丹这样的港口城市远隔重洋，但中国人也有一句成语叫一衣带水，随着未来的不断交流和融合彼此之间的理解，那么我想过去的远隔重洋在未来也有可能在年轻一代心里就变成了一衣带水。

这是一段即兴的主持，主持人通过动作和语言就“一带一路”来说明中国和荷兰两个国家、上海和鹿特丹两座城市不再有远隔重洋的距离，而是更加紧密相连。看似简单的话语，却意味深远，彰显我们的大国风度。

下面来看《中央广播电视总台2019主持人大赛》参选选手尹颂的主持词。在文艺组总决赛中，比赛要求把不相关的词语有机创作成完整的主持词。

大家好，欢迎收看今天的《一堂好课》，我是尹颂。今天现场我看来了很多年轻的朋友，我问大家一个问题，爱情是什么？什么样儿的？甜蜜的。这边儿呢？苦涩的。您看，每个人对于爱情的答案是不一样的。但是我想，两情若是久长时，又岂在朝朝暮暮，说的是爱情；衣带渐宽终不悔，为伊消得人憔悴，说的也是爱情。古往今来，有太多太多这种爱情凄美故事震撼我们的内心，而在我的心目当中，让我印象特别深刻的还是那个“千年声声传爱恋，山伯永恋祝英台”。没错，梁山伯与祝英台的故事。此时那首非常悠远动听的《梁祝》有没有在大家伙的耳边响起？说到这首曲子，我一定要提到一个人，她就是《梁祝》这首曲子钢琴部分的编曲者和首演者巫漪丽老人。我记得我最后一次看到她是在一档电视节目当中，80多岁的巫老和我们中国著名的小提琴家吕思清先生合奏了一曲经典曲目《梁祝》。当镜头的特写推到巫老的手上，那早已变形了的指关节丝毫不影响在琴键上上下翻飞，弹出的每一个音符就像一只只美丽的蝴蝶一样萦绕在我们的身旁。一个人这一生只做好一件事儿。因为热爱，所以选择。当我们有一天，我们满脸皱纹，当有一天我们老了的时候，我们能否有那种回首向来萧瑟处，归去，也无风雨也无晴的淡然？今天的《一堂好课》，让我们从《梁祝》开始。

这段主持词使用比赛给出的3个关键词，作为主持即兴串讲的内容，选手尹颂运用发散思维，联想性特别强，由“钢琴”“蝴蝶”“皱纹”联想到为《梁祝》编曲的巫漪丽老师，并由此进入节目主题。首先设置悬念向观众提出问题“爱情是什么”，引出中国经典爱情“梁山伯与祝英台”，于是顺理成章地讲到《梁祝》乐曲钢琴部分的编曲者和首演者巫漪丽老师。“钢琴”“蝴蝶”“皱纹”这3个关键词已经连在一起了。尹颂在主持词的结尾，运用一句诗词引发观众的共鸣：当有一天我们老了的时候，我们能否有那种回首向来萧瑟处，归去，也无风雨也无晴的淡然。尹颂巧妙地把握观众情绪，展示了丰富的知识积累，有非同凡响的能力。

二、训练设计

（一）唯美表达训练

在诸多主持词类型当中，舞台主持串词的艺术性很强，往往文辞优美，意境深远。综艺主持人口语能带给受众唯美的享受，可以从音、诗、画等层面进行积累，在训练中要动情动心、情景交融。

例1　诗句。

哲理：

欲穷千里目，更上一层楼。——王之涣《登鹳雀楼》

力学如力耕，勤惰尔自知。但使书种多，会有岁稔时。——刘过《书院》

草木有本心，何求美人折！——张九龄《感遇十二首·其一》

天问复招魂，无因彻帝阍。岂知千丽句，不敌一谗言。——陆龟蒙《离骚》

人生如此自可乐，岂必局束为人鞿？——韩愈《山石》

圣代也知无弃物，侯门未必用非才。——罗隐《曲江春感》

人生当贵盛，修德可延之。——杜荀鹤《经废宅》

相知岂在多，但问同不同。——白居易《别元九后咏所怀》

人生有情泪沾臆，江水江花岂终极！——杜甫《哀江头》

莫道桑榆晚，为霞尚满天。——刘禹锡《酬乐天咏老见示》

乡情：

君自故乡来，应知故乡事。来日绮窗前，寒梅著花未？——王维《杂诗》

少小离家老大回，乡音无改鬓毛衰。儿童相见不相识，笑问客从何处来。——贺知章《回乡偶书》

岭外音书断，经冬复历春。近乡情更怯，不敢问来人。——宋之问《渡汉江》

海日生残夜，江春入旧年。乡书何处达，归雁洛阳边。——王湾《次北固山下》

入春才七日，离家已二年。人归落雁后，思发在花前。——薛道衡《人日思归》

床前明月光，疑是地上霜。举头望明月，低头思故乡。——李白《静夜思》

谁家玉笛暗飞声，散入春风满洛城。此夜曲中闻折柳，何人不起故园情。——李白《春夜洛城闻笛》

客舍并州已十霜，归心日夜忆咸阳。无端更渡桑乾水，却望并州是故乡。——刘皂《旅次朔方》

戍鼓断人行，边秋一雁声。露从今夜白，月是故乡明。有弟皆分散，无家问死生。寄书长不达，况乃未休兵。——杜甫《月夜忆舍弟》

亲情：

谁言寸草心，报得三春晖。——孟郊《游子吟》

煮豆燃豆萁，豆在釜中泣。本是同根生，相煎何太急。——曹植《七步诗》

爷娘闻女来，出郭相扶将；阿姊闻妹来，当户理红妆；小弟闻姊来，磨刀霍霍向猪羊。——佚名《木兰辞》

烽火连三月，家书抵万金。——杜甫《春望》

戍鼓断人行，边秋一雁声。露从今夜白，月是故乡明。有弟皆分散，无家问死生。寄书长不达，况乃未休兵。——杜甫《月夜忆舍弟》

洛阳城里见秋风，欲作家书意万重。复恐匆匆说不尽，行人临发又开封。——张籍《秋思》

独在异乡为异客，每逢佳节倍思亲。遥知兄弟登高处，遍插茱萸少一人。——王维《九月九日忆山东兄弟》

邯郸驿里逢冬至，抱膝灯前影伴身。想得家中夜深坐，还应说着远行人。——白居易《邯郸冬至夜思家》

稚子牵衣问，归来何太迟？共谁争岁月，赢得鬓边丝。——杜牧《归家》

别离：

与君离别意，同是宦游人。海内存知己，天涯若比邻。——王勃《送杜少府之任蜀州》

又送王孙去，萋萋满别情。——李白《送友人》

春草明年绿，王孙归不归。——白居易《赋得古原草送别》

渭城朝雨浥轻尘，客舍青青柳色新。劝君更尽一杯酒，西出阳关无故人。——王维《送元二使安西》

寒雨连江夜入吴，平明送客楚山孤。——王昌龄《芙蓉楼送辛渐》

莫愁前路无知己，天下谁人不识君。——高适《别董大》

桃花潭水深千尺，不及汪伦送我情。——李白《赠汪伦》

孤帆远影碧空尽，唯见长江天际流。——李白《黄鹤楼送孟浩然之广陵》

山回路转不见君，雪上空留马行处。——岑参《白雪歌送武判官归京》

长亭外，古道边，芳草碧连天。晚风拂柳笛声残，夕阳山外山。天之涯，海之角，知交半零落。……一壶浊酒尽余欢，今宵别梦寒。——李叔同《送别》

悲欢：

欢娱不可逢，请君莫言旋。——元结《刘侍御月夜宴会》

王孙春好游，云鬟不胜愁。——张正见《山家闺怨诗》

亲戚或余悲，他人亦已歌。——陶渊明《拟挽歌辞三首》

今古恨，几千般，只应离合是悲欢？——辛弃疾《鹧鸪天·送人》

悲歌可以当泣，远望可以当归。——佚名《悲歌》

天长地久有时尽，此恨绵绵无绝期。——白居易《长恨歌》

秋气堪悲未必然，轻寒正是可人天。——杨万里《秋凉晚步》

得欢当作乐，斗酒聚比邻。——陶渊明《杂诗十二首·其一》

不见君形影，何曾有欢悦。——郎大家宋氏《杂曲歌辞·长相思》

深闺久离别，积怨转生愁。——张正见《有所思》

爱国：

捐躯赴国难，视死忽如归！——曹植《白马篇》

山外青山楼外楼，西湖歌舞几时休？——林升《题临安邸》

我愿君王心，化作光明烛。不照绮罗筵，只照逃亡屋。——聂夷

中《咏田家》

画家不识渔家苦，好作寒江钓雪图。——孙承宗《渔家》

伏波惟愿裹尸还，定远何须生入关。——李益《塞下曲》

衙斋卧听萧萧竹，疑是民间疾苦声。——郑燮《潍县署中画竹呈年伯包大中丞括》

长安有贫者，为瑞不宜多。——罗隐《雪》

地不知寒人要暖，少夺人衣作地衣。——白居易《红线毯》

少回卿士爱花心，同似吾君忧稼穑。——白居易《牡丹芳》

但得众生皆得饱，不辞羸病卧残阳。——李纲《病牛》

美景：

天容水色西湖好，云物俱鲜。——欧阳修《采桑子·天容水色西湖好》

落木千山天远大，澄江一道月分明。——黄庭坚《登快阁》

江上春山远，山下暮云长。——葛长庚《水调歌头·江上春山远》

一江烟水照晴岚，两岸人家接画檐，芰荷丛一段秋光淡。——张养浩《水仙子·咏江南》

秋雨一何碧，山色倚晴空。——方岳《水调歌头·平山堂用东坡韵》

锦江近西烟水绿，新雨山头荔枝熟。——张籍《成都曲》

灵山多秀色，空水共氤氲。——张九龄《湖口望庐山瀑布泉》

雪消门外千山绿，花发江边二月晴。——欧阳修《春日西湖寄谢法曹歌》

八月长江万里晴，千帆一道带风轻。——崔季卿《晴江秋望》

西塞山前白鹭飞，桃花流水鳜鱼肥。——张志和《渔歌子·西塞山前白鹭飞》

◎ 训练要求

根据规定诗句“谁言寸草心，报得三春晖”进行主持词设计，示例如下。

小王，你好。你在留言中说，今天是你毕业6年的纪念日。如今你已经工作稳定，生活幸福。你希望点一首歌感谢自己的母校和老师们。

人们常说“谁言寸草心，报得三春晖”，我们每个人的成长，都有人在背后培养、付出，这个人就是我们的老师。

接下来，我们把歌曲《校园春秋》送给你的母校和老师们。

◎ 训练提示

充分理解诗句内涵，感受诗句境界，准确应用在主持词中。

例2　成语。

典则俊雅　冰清玉洁　空谷幽兰　曲径通幽　大雅之堂　相濡以沫　花前月下

高山流水　温文尔雅　流连忘返　郢中白雪　纯一不杂　闭月羞花　沉鱼落雁

阳春白雪　风华绝代　风流儒雅　行尸走肉　金蝉脱壳　百里挑一　金玉满堂

背水一战　霸王别姬　天上人间　不吐不快　海阔天空　情非得已　满腹经纶

兵临城下　春暖花开　插翅难逃　黄道吉日　天下无双　偷天换日　两小无猜

卧虎藏龙　珠光宝气　簪缨世族　绘声绘影　国色天香　相亲相爱　八仙过海

金玉良缘　掌上明珠　皆大欢喜　逍遥法外　成竹在胸　计上心头　急中生智

胸中有数　心中有数　胜券在握　才高八斗　草菅人命　呆若木鸡　铁杵磨针

◎ 训练要求

根据规定成语“铁杵磨针”进行主持词设计，示例如下。

唐代著名诗人李白小时候不喜欢念书，常常逃学。

一天，李白又没有去上学，他看见在一个破茅屋门口，坐着一个满头白发的老婆婆，正在磨一根棍子般粗的铁杵。李白走了过去。

“老婆婆，您在做什么？”

老婆婆抬起头，对李白笑了笑：“我要把这根铁杵磨成一枚绣花针。”

“绣花针？是缝衣服用的绣花针吗？”

“当然！”

“可是，铁杵这么粗，什么时候能磨成细细的绣花针呢？”

老婆婆反问李白：“滴水可以穿石，愚公可以移山，铁杵为什么不能磨成绣花针呢？”“可是，您的年纪这么大了？”

“只要我下的功夫比别人深，没有做不到的事情。”

听了老婆婆的一番话后，李白很惭愧，于是回去之后，再没有逃过学，每天学习也特别用功，终于成了名垂千古的诗仙。

◎ 训练提示

准确理解，详尽解读，娓娓道来，亲切引导。

例3 《故事里的中国》之“永不消逝的电波”结束语。

您期盼的黎明到了，这是七十年前苏采青无法向李白回复的电报，今天，我们陪着她一起发送了出去。希望这滴滴答答的电波声，能够跨越夜空告慰所有英烈之魂。曾经他们坚守的那一个个秘密的坐标，是如今无数人幸福生活的起点，正是他们的无所畏惧、正是他们的视死如归，胜利的光才更早地到来。

◎ 训练提示

情感基调深情坚定，饱含期盼、缅怀之情。

例4 中央电视台综合频道《正大综艺》节目第197期开头的一段主持词。

主持人A：春天是所有生命的节日，是岁岁年年又一次蓬蓬勃勃的开始。她是孩子的，也是老人的。她是拂在脸上的风，更是唱自心中的喝彩。

主持人B：春天在小溪的流水中，跳起了轻盈的舞步。她跃上了杨柳的梢头，在湖畔河岸，摇曳生姿。她掀起了万里田原绿油油的滚滚麦浪，她在群芳斗艳的花蕾上绽开了甜美的笑容。

◎ 训练提示

上述主持词呈现了一派生机勃勃的忙碌场景。“唱”“跳”“跃”“摇曳”“掀起”“绽开”等一系列动词的变化象征动作的变化，场景的转换，一幅动态的画面出现在我们脑海里，将春天拟人化，带动了观众欢悦的情绪。

例5　某家电视台庆祝祖国五十周年华诞大型文艺晚会的主持结束语。

男：五十年像一条长河，有急流也有缓流。

女：五十年像一幅画卷，有冷色也有暖色。

男：五十年像一部史诗，有痛苦也有欢乐。

女：长河永远在奔流，史诗还在续写——

◎ 训练提示

这段话很有画面感，从绘画的形象角度来看，具体实景有急流或缓流的长河，冷色或暖色的画卷，结合个体经验，联想风雨坎坷、幸福瞬间、英雄人物、国家大事……一个国家五十年风雨带给我们怎样的感慨。

例6　某地方纪念庆典活动的主持结束语。

男：听啊，江河在欢唱。

女：看哪，百花在争艳。

男：今天我们翻开崭新的一页。

女：明天我们迎接初升的太阳——

合：迈向未来，明天更美好！

男：今天的晚会到此结束，朋友们，明年再相会——

◎ 训练提示

主持词勾勒了一幅画面，展示了“江河”“百花”“太阳”和动感十足的“欢唱”“争艳”“初升”，使观众联想在视觉色彩上丰富多样，气氛上热烈雀跃，精神上情绪高涨、兴奋愉悦。

例7　某国庆活动主持人开场白。

女：金秋送爽，万里河山披锦绣。

男：丹桂飘香，一轮明月寄深情。

女：我们见证历史，见证辉煌。

男：我们迎来十月，迎来明天！

女：各位领导、各位来宾、亲爱的朋友们，

合：晚上好！

◎ 训练提示

语言呈现的画面是“金秋”“万里河山”，情感状态是“送爽”“披锦绣”“丹桂”“一轮明月”，以及柔情蜜意的“飘香”“寄深情”。主持词勾勒了一幅暖色画面和一幅冷色画面，描述了一种热烈情感和一种柔和情感，画与情交相辉映，带给观众美感。

例8　1995年8月27日，上海东方电视台与北京电视台在长城举行了《纪念世界反法西斯战争和中国抗日战争胜利五十周年“永恒的长城”大型演唱会》，下面是部分主持词。

主持人A：昔日长城的阵阵烽火狼烟，仿佛还在我们的眼前飘拂。

主持人B：今天黄河的滚滚惊涛骇浪，依然还在我们的胸中奔腾。

主持人C：万里延伸的长城是一条凝固的黄河，挺直了中华的脊梁。

主持人D：奔流到海的黄河是一道流淌的长城，积蓄着民族的悲壮。

◎ 训练提示

在这段主持词中，观众听到的不仅是阵阵烽火狼烟的长城，滚滚惊涛骇浪的黄河，这里“长城”和“黄河”更是中华民族的象征。中华民族五千年经历了多少创伤累累，然而，我们的人民坚韧勇敢，一路走到今天，取得伟大的胜利。上述主持词不仅展现了长城、黄河的壮美，更引发观众联想无数历史事件，从有限进入无限，从景象上升精神，实现了虚实相生。

例9　2001年，为纪念中国共产党建党八十周年，多部委联合举办了大型文艺晚会《红旗颂》，其中回顾1998年抗洪抢险，讴歌英雄的主持词如下。

还记得九八年夏天那场特大的洪水吗？在人民群众的生命和财产受到威胁的时候，我们看到了洪水中，我们的战士用那伤痕累累的肩膀扛着沙袋一次又一次地冲向激流。在水里，他们用生命筑起了一道与大坝共存亡的生死牌，我们听到了战士们在暴风雨中狂喊着：“为了乡亲们，咱们拼了！”这些可爱的战士不过才十八九岁，还都是孩子般的年龄，让人看了心疼啊！我们也看到了大坝上，年幼的娃娃们高举着标语牌，上面写着：共产党好，解放军亲。被救上来的老妈妈拉着战士们的双手说：“孩子，我们一辈子都忘不了你们啊。”

◎ 训练提示

舞台晚会主持人是向观众介绍节目的主体，主持人应该以观众为基础，强化语言情感，真正做到为观众服务。主持人倪萍运用深厚的影视语言功力进行深情表达，她的声音富有弹性且变化多样，饱含真情，感染力极强。一开始，她的声音低沉舒缓，“还记得……吗？”把观众带进回忆中；说到“一次又一次地冲向激流”时，她用音高、音强、音长的变化来表达激烈状态；为了让观众感受到战士的决心，她用高声有力地喊出来；说到“让人看了心疼啊！”“年幼的娃娃们”时，气息变柔，声音变细，速度变慢；到了最后一句“孩子，我们一辈子都忘不了你们啊”时，情感再次上扬，她的气息加强，声音延长且有力度。

（二）思维应变训练

在主持过程中，主持人总会遇到突发状况，面对复杂的情况，主持人需要反应灵活、判断准确、应对得体。特别是在直播节目中，主持人语言机智能产生强烈的现场感，观众可以随时参与互动。语言机智需要很强的逻辑思维能力和丰富的知识储备，以及独特的语言风格。主持人的语言机智表达感染力对节目的组织、串联，对调动现场观众情绪和参与度，对场内与场外观众情感互动，都能起到举足轻重的作用。

◎ 训练提示

集中注意力观察一幅画，然后把这幅画拿走，背述画中物体的形态、颜色、图案特征等，要说得准确，切合实际。具体到节目中对不同物体进行描述，从对物体的观察和描述中寻找有价值的语言设计。

◎ 训练提示

观察身边最熟悉的景物。要善于从千变万化的景象中、从纷繁复杂的人际关系中抓住重点。抓重点，就是抓环境中最有特色、最能说明问题的部分。具体到节目中对台上、台下等环境进行描述，从对环境的观察和描述中寻找有价值的语言设计。

◎ 训练提示

人物观察很重要，可以先从周围熟悉的人开始。从人物的容貌、衣着、神态、习惯等进行观察，总结人物的精神面貌和性格特征。此外，还可以观察人物的行为，如在人物做动作时进行口头描述。这一观察既要注意人物动作的外部表现，更要注意动作表现的内心活动。既要抓住体现人物个性的行为，又要抓住体现人物特征的依据。具体到节目中对嘉宾的言谈举止等进行描述，从对人物的观察和描述中寻找有价值的语言设计。

◎ 训练提示

将事件发展通过顺叙、倒叙、插叙进行变更结构顺序的训练。不断改变思路、调整思维，尝试把插叙的故事，用口述方式变为顺叙，也可把倒叙的故事，用口述方式变为顺叙或插叙。

◎ 训练提示

分类训练是一种进行条理性训练的方法。分类需要对所得到的材料进行梳理，使之条理化、语脉清晰。分类是明确概念外延的方法，也就是根据一定的标准，把一个属概念分成几个种概念。

◎ 训练要求

设计一档完整流程的竞赛类节目，要求如下。

开场白：开场白要简练，要让人一听就懂。主持人要向观众介绍节目的大体安排，参加竞赛的嘉宾及现场观众的身份。由主持人说明竞赛规则，包括提问的方式，是口头读题还是用画面显示或现场演示；

回答的方式，是轮答还是抢答，是说还是写下来或用其他方法表示；怎样记分，是否扣分，什么情况扣分，等等。

出题：传统的智力竞赛节目采用口头念题、参赛者抢答的方式。这种竞赛方式可以使比赛节奏加快，扣人心弦。主持人在出题时，可借助事先准备好的提问卡片，提问时要弄清题目内容，不要读错。

启发：在参赛者思考答题时，主持人可用适当的语言启发参赛者，推动节目进度，不至于参赛者回答不出来，从而影响场上的气氛。注意不要有意或无意泄露答案。

打分：在千百万电视观众面前，参赛者会很看重分数，主持人不应出现打分错误的情况。如果打分出现错误，应及时更正，并表示歉意。有可给可不给的分，应照顾参赛者的兴致，适当放松要求，不必太死板。当然，原则是一视同仁，不能厚此薄彼，以免破坏场上和谐气氛。

评议：在竞赛进行中或结束时，主持人对参赛嘉宾和场上各队的表现加以评论。评论内容以表扬为主，尽可能少用批评字眼，对别人进行评价时一定要谨慎。

◎ 训练提示

主持人担负着控制整场节目的基调、秩序、节奏、时间及即兴处理问题的重任，所以各个环节需要仔细周到。

◎ 训练要求

在校园体育场露天环境下主持校园大型晚会活动，时长约120分钟，主持词如下。

××学院“桐高才至，征路志昂”2022年美育教育暨美育成果展示活动开场白

主持人A：沱江黉门，弦歌亦铿锵。

主持人B：济济一堂，桃李正芬芳。

主持人C：亲爱的老师们，2022级的同学们——

主持人合：晚上好！

主持人D：欢迎来到“桐高才至，征路志昂”××学院美育教育暨美育成果展示活动的现场。

主持人A：四面荷花三面柳，一城山色半城湖。大家好，我是主持人××，来自孔孟之乡、礼仪之邦——山东济南。

主持人B：广土安辑，伟人故里。大家好，我是主持人××，来自滨江之城、川东门户——四川广安。

主持人C：嘉陵之水春复秋，壮观千里下渝州。大家好，我是主持人××，来自山城——重庆。

主持人D：倏烁夕星流，昱奕朝露团。大家好，我是主持人××，来自中国春节文化之乡，中国四大古城之一——四川阆中。

主持人B：首先请允许我介绍莅临本场美育展演的领导和嘉宾，他们是：

校党委副书记、纪委书记　某某　教授

校党委副书记、工会主席　某某　教授

党委常委、副校长　某某　教授

副校长　某某　教授

党委常委、宣传部、统战部部长　某某　教授

莅临本次美育展演的还有各职能部门、各二级学院负责人。

主持人C：让我们以热烈的掌声对各位领导的到来表示最衷心的问

候和感谢!

主持人A：今天这个晚会实际上是一个非常特别的晚会，哎，××，你知道这个晚会特别在哪里吗?

主持人B：哎，问我你就问对人了，这个特别之处啊，就是有三个新，这第一个新，是我们学校整体搬迁至高桥新校区后举办的首届美育展演。

主持人C：哎，那第二个我来说，这第二个新，就是今年开学受高温天气的影响，我们迎来了不一样的开学季，今年的晚会“虽迟但到”。

主持人D：那第三个新，就是在这个冬天，文津湖畔又多了一张张崭新的面庞，让××校园处处朝气蓬勃、意气轩昂。

主持人B：新校区，新时间，新面孔，我们满怀着期待欢迎2022级新生的到来。且用新火试新茶，诗酒趁年华。现在我宣布，××学院“桐高才至，征路志昂”2022年美育教育暨美育成果展示活动——

主持人合：现在开始!

第一篇章 憧憬·共聚

主持人C：××学子从祖国四面八方而来，踏着金色的脚步走进大学校门，这是收获的季节也是学业的开始。

主持人B：假期的尽头是学期开始，汗水的尽头是鲜花满地。张书记、陈校长殷殷寄语，切切期望。我们当不负老师们的期待，争取在青春赛道上跑出最好的成绩。

主持人D：今天的××学院，因为你们而不同，因为你们的到来而更加精彩，是你们坚毅的步伐，青春的身影，为××学院注入了新的激情与希望。

主持人A：大学的帷幕已拉开，知识的宝藏等你来挖掘，学问的山峰等你去攀登，时代总是把历史的责任赋予青年。新时代的中国青年，生逢其时、重任在肩，施展才干的舞台无比广阔，实现梦想的前景无比光明。下面让我们共同走进第一篇章：憧憬·共聚。

第二篇章　同心·共享

主持人D：根植于汉安文化的沃土，沐浴着沱江精神的××学院，已经走过了66载春华秋实。我们从桐梓坝来到高桥，变的是环境不变的是桐梓情，新的起点从高桥开始，也从你们开始，来自桐梓坝的弦歌将继续在这片土地上奏响。

主持人C：团结奉献，这是历史赋予我们这一代人义不容辞的责任。

主持人D：共建共享，这是时代指引我们这一代人共创未来的方向。

主持人C：犀利深邃的思想先行、坚守真理的铮铮傲骨，铸就了我们刚毅厚重、朴实无华的品格。

主持人D：山魂海韵的豪迈气魄、直面挑战的坚毅执着，锻造了我们团结奋进、负重自强的精神。

主持人C：树高千尺不忘根，回望在桐梓坝走过的往昔，你是否会记得西校门的一砖一瓦；你是否会怀念篮球场上的欢呼声。每个不起眼的风景都是××学子的回忆，桐梓坝校区，我们不说再见！

主持人D：人若辉煌莫忘恩，展望在高桥发展的未来，偌大的校园，每天有成千上万不同的轨迹交错，又奔向不同的未来。高桥校区，我们顶峰相见！下面让我们共同走进第二篇章：同心·共享。

第三篇章　合力·共筑

主持人A：不忘来时路，奋进新征程，回望学校的发展历史，我们一起书写更加精彩的未来。

主持人B：学校高度重视学生综合素质发展，近年来，学校组织参加各级各类大学生学科竞赛10000余人次，在大学生艺术节、挑战杯创业计划竞赛、"互联网+"等各类学科竞赛上取得丰硕成果。获国家级奖项152项，省级奖项1221项。其中在美国大学生数学建模竞赛、全国大学生电子设计竞赛等赛事中共获国际奖项219项，"互联网+"

大学生创新创业大赛中获国家级铜奖2项，省级金奖4项，银奖7项，铜奖24项；美国大学生数学建模竞赛获特等奖2项，一等奖54项，二等奖94项；大学生课外学术科技作品竞赛获一等奖8项，二等奖22项，三等奖43项；“挑战杯”大学生创业计划竞赛，银奖18项，铜奖35项；全国师范生教学能力大赛获一等奖2项，二等奖1项，三等奖6项；四川省师范生教学能力大赛获一等奖9项，二等奖14项，三等奖23项。学校综合实力在“软科2022中国大学排名”中位列第376名（居四川省属同类院校首位）。

主持人A：回望过去，成就鼓舞人心；展望未来，奋斗实现梦想。站在新的起点上，眺望未来发展的光明前景，新的历史篇章正在这里开启。接下来让我们一起走进第三篇章“合力·共筑”。

第四篇章　传承·共航

主持人D：刚刚的视频展现的是我校暑期“三下乡”社会实践的缩影。今天我们也邀请到了2022年四川省“三下乡”社会实践先进个人、2022年四川省“大学生年度人物”××同学，让我们掌声有请××同学！

主持人D: ××，你好！

××**同学:** 你好！

主持人D: ××，你跟我们分享下是什么契机让你参加到今年的“三下乡”活动的呢？

××**同学:** ……

主持人D: 在今年的活动中，你们团队实践的主要内容是什么？

××**同学:** ……

主持人D：经历“三下乡”实践后，你有什么心得感悟与师弟师妹们分享的呢？

××**同学:** ……

主持人D： 好的，感谢××同学的分享。让我们再次把掌声送给××同学。

主持人D： 乡村广阔天地，青年大有可为。让我们一起向××同学学习，响应时代号召，助力乡村发展，让青春在建功乡村振兴的实践中扬帆远航。

结束语

主持人A： 会当凌绝顶，一览众山小，××学子要“立大志”；站在高桥校区的新起点上，怀揣斗志，扬帆激情与理想。

主持人B： 光阴未可轻，上下而求索，××学子要“明大德”；寻根溯源，格物致知，书写绚丽的华章。

主持人C： 博观而约取，厚积而薄发，××学子要“成大才”；全力以赴，无悔青春，感受人生的酣畅。

主持人D： 百战穿金甲，楼兰终可破，××学子要“担大任”。我们坚定不移听党话、跟党走，保持永不懈怠的精神状态和一往无前的奋斗姿态，让青春在全面建设社会主义现代化国家的火热实践中绽放绚丽之花。

主持人A: 于高山之巅，方见大河奔涌。

主持人C: 于群峰之上，更觉长风浩荡。

主持人B： 尊敬的各位领导、各位来宾、老师们、同学们，今天的晚会到这里就要和大家说再见了。

主持人D： 祝愿2022级的××学子们以梦为马不负韶华。现在我宣布，××学院“桐高才至，征路志昂”2022年美育教育暨美育成果展示活动——

主持人合: 到此结束！再见！

◎ 训练提示

根据该高校庆典活动的主持词，设计在直播过程中出现即兴突发情况的应对策略，对相应的节目环节或人员设计合理的救场语言。

第三章　突发事件直播口语

记者—报道

第一节　突发事件

这类突发事件发生速度快、破坏力和影响力巨大，也常在新闻媒体、社交媒体中成为直播（传播）的热点。正确理解突发事件的相关意涵，掌握与之相适应的传播要求，是记者、记者型主持人适应直播发展和需求的必修课。

一、突发事件的定义

《现代汉语词典》对“突发”的定义是动作突然发生，对“事件”的定义是历史上或社会上发生的不平常的大事情，并均以“突发事件”作为词条示例。

2007年8月30日中华人民共和国第十届全国人民代表大会常务委员会第二十九次会议通过的《中华人民共和国突发事件应对法》对突发事件的定义是突然发生，造成或者可能造成严重社会危害，需要采取应急处置措施予以应对的自然灾害、事故灾难、公共卫生事件和社会安全事件。介于此类事件的突发属性，在应急管理和传播中，有观点认为，突发事件是日常生活秩序因为某种紧急情况，受到内力或外力干预发生转折和中断，引起社会秩序混乱、动荡，导致和吸引一定数量的人口卷入，需要一定的社会动员和政府力量干预的事件[①]。

国内外学界对于突发事件的定义、称法及研究范畴略有差异，中国传媒大学播音主持艺术学院副教授宋晓阳认为突发事件是人们对出乎意料事件的总称[②]；著名危机管理学者乌里尔·罗森塔尔认为突发事件是对一个社会系统的基本价值和行为准则架构产生严重威胁，并在时间压力和不确定性极高的情况下必须对其作出关键决策的事件[③]。从广义上讲，所有突然发生的事件、情况均可算作突发事件。从传播价值的角度，可以狭义地将突发事件理解为突然发生影响生产生活的事件。

二、突发事件的类型

突发事件可以从事件性质、事件内容、影响范围、严重程度等方面进行大致划分，如表3-1所示。

表3-1　突发事件的类型

划分角度	事件性质	自然灾害、事故灾难、公共卫生事件和社会安全事件等主要类别
	事件内容	经济运行类、社会运行类、自然灾害类等主要类别

① 周松青.中美突发事件网络舆情应急机制比较研究［M］.上海：上海社会科学院出版社，2020：1.

② 宋晓阳.出镜记者现场报道指南［M］.北京：中国广播影视出版社，2008：165.

③ 中国现代国际关系研究所危机管理与对策研究中心.国际危机管理概论［M］.北京：时事出版社，2003：5.

续表

划分角度	影响范围	地区类（如某一城市或某单一地点事故）、区域类（如波及多点、连片地点）、国际类（如影响范围超出单一国家范畴）等主要类别
	严重程度	小型事件、大型事件等主要类别。其中，既可以按人员伤亡程度进行细分，也可以从经济损失程度进一步细分为特大、重大、较大和一般四级

根据《中华人民共和国突发事件应对法》，我国建立了突发事件预警制度，按照突发事件发生的紧急程度、发展势态和可能造成的危害程度分为一级、二级、三级和四级。

美国知名危机管理学者斯蒂文·芬克在1986年提出了危机传播四阶段论模式，也称为F模型。该模式从危机生命周期理论的角度指出，危机因子从出现到处理结束的过程中，有不同的生命特征。根据该理论，危机管理是指组织对所有危机发生因素的预测、分析、化解、防范等而采取的行动。按该理论可将危机传播大致分为征兆期、发作期、延续期、痊愈期。关于危机生命周期理论也有危机酝酿期、危机爆发期、危机扩散期、危机处理期、危机处理结果及后遗症期5个阶段的划分方式。

从传播价值和新闻价值的角度，本章将突发事件分为自然灾害、事故灾难、公共卫生、社会安全及其他五类，主要根据这五类突发事件涉及的征候、爆发、影响、处置等要素进行阐述。

三、突发事件的特点

突发事件一般具有突发性、危害性、紧迫性、不确定性、持续性等5个基本特征。

（一）突发性

突发事件是突然发生的，从发展速度来说，进程极快，常以迅雷不及掩耳之势爆发，其爆发的时间、地点、方式、种类以及影响的程度往往超出人们的预料。突发事件爆发时，整个社会对相关信息处于短缺状态，事态发展使人们难以预料，因而难以作出正确的反应，心理上产生恐慌，陷入困境之中，从而造成诸如生命、健康、财产和环境生态的巨大损失。突发事件在时间上的瞬间性增加了人们控制与处理突发事件的难度。

（二）危害性

突发事件给公众的生命、财产和国家、社会稳定带来严重危害。这种危害具有破坏性、灾难性，而且是连锁的、广泛的和持久的。突发事件带来的损失既包括物质层面人力、物力、财力甚至生命的损失，也包括精神层面给社会秩序与人们的心理造成的伤害。

（三）紧迫性

突发事件一旦爆发，要求有关部门和人员马上作出正确而有效的应急反应，在时效性上对应急组织提出了很高的要求，可谓刻不容缓，一刻千金。事件发展迅速，需要及时拿出对策，采取非常态措施，以避免事态恶化，造成更大损失。

（四）不确定性

突发事件具有不确定性，这种不确定性包括事件发生的地点、时间、状况及严重程度等。突发事件爆发前可能有某些征兆，但其又有一定的不确定性，在信息严重不充分、不及时、不全面的情况下，人们一时难以把握事件的发展方向，也难以用常规和理性对其性质作出客观的判断。事件的发展和可能产生的影响只能根据有限的经验和措施来判断、掌控，一旦处理不当就可能导致事态进一步扩大。因此，突发事件往往既是机遇，也是挑战。

（五）持续性

对于人类文明发展进程而言，突发事件一直伴随着人类，从来没有停止过，也将永远伴随下去。无论国度、制度、社会发展将发生什么变化，避免突发事件的发生是不可能的。因此，人类才一直致力于研究如何最大限度地降低突发事件发生的可能性，控制、减轻甚至消除突发事件所引起的严重危害①。

四、突发事件的共性

从自然灾害、事故灾难、公共卫生和社会安全及其他五类突发事件的特点来看，主要包括潜伏性、突发性、危害性、紧迫性、持续性、公共性共6个共性。

（一）潜伏性

潜伏性的共性主要体现在突发事件到来前的征候、隐患和不确定性上，在事故灾难突发事件中，事件爆发多由与事故相关但尚未形成破坏性事故的因素积累引起的。自然灾害突发事件则更多表现为危机酝酿期蓄积的能量和破坏力并未直接产生影响，但不论其诱发因素、生成地点、规模的不确定性如何影响最终的破坏力，此阶段已经潜伏着危机的破坏力和危害性。

---

① 李栋，周静茹.突发事件预防与处置实务［M］.北京：中国政法大学出版社，2016：4-5.

（二）突发性

突发性的共性主要体现在突发事件爆发的瞬时性。突发事件爆发的时间往往为瞬时，即使是台风登陆、地震横波到达等有一定发展时间的事故，其瞬时影响力也多成为重要评价指标。

（三）危害性

危害性的共性主要体现在突发事件的破坏力和影响力多造成群死群伤或重大经济财产损失。

（四）紧迫性

紧迫性的共性主要体现在突发事件爆发后和动态发展阶段，需要有关部门和人员进行快速反应，以应对人员伤害、减少伤亡、控制伤情、把握救援时间；防止事态扩散、疫情传播以及经济波动持续蔓延等。

（五）持续性

持续性的共性主要体现在突发事件的影响面、破坏力并不局限于事件爆发的瞬间，不加以控制会随着时间的推移逐渐表现出叠加效应，还会从一个点、一个方面向多点辐射。其影响面和破坏力的持续时间可能长达数十年。

（六）公共性

公共性的共性主要体现在突发事件的影响在生命财产安全、社会和谐稳定、金融经济运行、国际地区局势等方面，均表现出涉及面广、破坏力大、群体面宽等特点。此外，长期来看，其破坏性还可能呈现出由单一事件向公共危机转变的风险，即开头比较隐蔽，而后不断升级，逐步变化，初期和一般突发事件差不多，在某一阶段过后大家才会发现它不是一般的突发事件，而是已经衍生出了更多预料不到的事件，并且形成了连锁的、系列性的突发事件和公共安全危机①。

从传播价值（新闻价值）的角度，在一般意义上新闻价值的时新性、重要性、接近性、显著性、趣味性的基础上，突发事件中的舆情关注度和话题引导力、应对力成为全媒体时代直播选题的重要左右因素。因突发事件发生后应对不力、回应不及时等情况引发的舆情，多次成为自媒体直播创作者的选题焦点。

第二节　记者口语

直播口语表达无论策划与否，均涉及应对意料之外状况的即兴表达，从传播价值和新闻价值的角度，突发事件直播口语报道均为狭义的突发事件。常见直播口语涉及的突发事件多为事故或灾害，既包括意外的损失或灾祸（多指在生产、工作上发生的），即人们生产、生活活动过程中突然发生的、违反人意志的、迫使活动暂时或永久停止，可能造成人员伤害、财产损失或环境污染的意外事件，也包括给人类生存带来危害或损害人类生活环境的自然现象等自然灾害或地质灾害。

突发事件的直播口语因涉及事件传播的类型、周期不同，其表达结构也有多元化的可能。总的来说，突发事件的口语表达应遵循要素突出、逻辑清晰、主题单一、信息可感的原则。突发事件直播无论传播平台如何，对新闻信息的时效性都有突出需求，因而上述原则均为短时间、高密度、

① 李暄.突发事件舆情五讲　新闻判断与价值观修养［M］.北京：中国传媒大学出版社，2019：17.

清晰度服务。

一、要素突出

这里的“要素”主要指新闻现场的实物、痕迹等具体可感的要素信息，通过突出这些要素信息，以直播现场为轴心，辐射周边空间和历史信息梳理。

二、逻辑清晰

这里的“逻辑”主要指直播口语的事实性材料的因果关系、直播内容的主次以及叙事结构的线性推进。在突发事件中，现场的要素繁杂，组织直播口语时，必须带有“演示”和“证明”意识，清晰地通过语言告知观众对新闻事件的现状、态势及其因果关系。

三、主题单一

这里的“单一”主要指组织直播口语时，单条、单次直播的信息聚合度。伴随小屏、移动直播等形态介入突发事件直播，长时段、大版面直播的比例往往比传统电视端直播更高，且在直播中常以单一记者在现场独立完成长时段出镜报道的形式出现。无论采取电视端单人3—5分钟/条的形式，还是移动端数小时/次的长时段直播，记者组织直播口语时均宜以3—5分钟的短时段为基础单元划分报道单元，每一单元聚焦一个核心主题，以形成对观众的信息“强化”，便于观众对现场的信息形成清晰认知。

四、信息可感

“可感”主要指组织直播口语时，记者以有声语言为主、肢体语言和现场物料为辅的抽象感念具象化表达。突发事件表达中，对现场环境、事发过程、救援计划等的报道，往往是重点，但也容易受到现场环境的影响。大量使用术语名词和抽象指代等方式交代现场信息，这就造成信息准确和受众理解之间不平衡的情况，因而特别需要记者在表达时将现场信息转化为“视觉”“听觉”以及“方位”“大小”“材质”等直观可感的信息点。

第三节　记者直播口语实训

一、案例解读

（一）自然灾害类

1.地震

2022年6月1日四川芦山发生地震，当晚央视记者赶到现场，在《24小时》栏目中进行直播连线，下面选取部分内容进行解读。

主播：好，接下来我们继续来关注四川雅安地震救援的最新情况。目前总台记者蒋林已经抵达了芦山县太平镇太平中学，现场的情况怎么样？我们马上来连线蒋林。蒋林给我们介绍一下你在现场了解到的最新情况。

记者：我现在已经到达了芦山县的太平镇。这一次的地震其实应该说整个太平镇的震感应该也是最强烈的一个地方，我现在所在的地方是在太平中学的操场。在我们来到这里的半个小时的过程当中，我们发现应急安置的帐篷在不断地被搭建起来。

我们再往前来看几个小的细节，在这个地方还有一个医疗卫生的安置点，然后我们再往前，其实大家有没有发现我刚才说的那个区域，还有一些应急照明的灯光比较亮，但是往后这一片的帐篷区的灯光明显暗一些，为什么？我们的声音也会放小声一点，因为在这个区域当中就是我们太平中学在校学生临时安置的区域。

我们现在通过现场的一些画面来跟大家讲一讲在震中的一些最新的情况，首先我们来看一看，在我身后是一个教学楼，这是太平中学的男生和女生宿舍，我们会看到，其实首先这个教学楼的外墙相对来说是非常完整的，并没有出现这种强震之后墙面拉扯的X形裂缝。也就是说，其实，虽然这里是震中，当时震动的晃动非常厉害，但是首先建筑物抗震，而且目前在太平镇上的很多建筑基本上是比较完整的，我觉得通过这个画面大家也可以稍微心安一点点。

那么我们再来看一下，现在这个宿舍区呢，已经是有灯光了，当地的电力工作者告诉我们，在地震之后，在震中的区域当中不少的地方实际上是临时断电的，那么受到停电的影响，也有一些区域的手机信号暂时中断。那么就在一个半小时之前，震中太平镇的市政供电已经全部恢复，现在正在抢修到远乡镇的一些包括电力设施和这种村民小组他们所在的地方正在进行一个通电的工作。那么争取在明天能够有更好的一个电力的恢复。

好，说完了这个电力的恢复，我想跟大家说，我们今天在采访路程当中得到的两个比较重要的信息。首先这一次地震目前人员伤亡比较严重的是距离镇中更近的宝兴县，那么宝兴县现在的主要工作还是对于包括一些边远乡镇的地毯式地摸排和搜寻。

最后要告诉大家的就是天气的状态，目前是多云，明天天气相对较好，但是气象专家提醒我们说3号4号有可能有一次中雨的雨量。对于地震之后相对比较松散的山体，也要提醒大家，对于一些地质灾害隐患点要加强排查，同时当地的居民要远离这个区域。

好的。以上就是我们从震中发回的现场直播的报道，时间交还给北京。

从该段报道中，可以看到作为地震灾难直播的现场感、信息点和结构性结构。现场感的体现从主播、记者的互动开始，主播提到："目前总台记者蒋林已经抵达了芦山县太平镇太平中学，现场的情况怎么样？"记者回应："我现在所在的地方是在太平中学的操场……我们发现应急安置的帐篷在不断地被搭建起来。"开门见山，直接从记者身处环境开始进行现场信息介绍，通过记者在现场的点位走动，带领观众逐一了解现场信息。信息点包括震后民众安置、安置点的区域划分、安置点所在区域的建筑受损情况、电力通信等。从报道结构来看，记者以直播时间节点为单位，以时间顺序进行呈现，分别完成了直播进行时的现状、直播前的民众疏散安置、直播前的观察、直播后的信息提示、直播后的救灾排查等信息。

从直播口语构成来看，信息更新、语言准确、环境解析、提示分析等功能均有呈现。尤其是环境解析，记者从现场搭建帐篷开始组织语言，首先介绍了直播时的民众安置和救援进展情况，其次透过帐篷区域灯光的明亮程度阐述不同区域所安置的民众信息。此外，现场建筑物的环境介绍是此段报道另一个有说服力的点，记者带领受众看到了现场建筑物的震后情况，"在我身后是一个教学楼，……外墙相对来说是非常完整的，并没有出现这种强震之后墙面拉扯的X形裂缝……虽然这里是震中，当时震动的晃动非常厉害，但是首先建筑物抗震，而且目前在太平镇上的很多建筑基本上是比较完整的……”这一段口语直播既有直观的场景介绍，也对地震震中灾害进行了呈现。记者对“X形裂缝”这一要素进行了捕捉，并以此为细节，解释说明震中损失和伤亡情况，透过直播准确、客观地呈现了现场信息。

2.水旱

2021年6月，陕西省因持续性降水不足引发了旱情，央视记者于8月进行现场直播，在《新闻直播间》栏目（8月17日14点档）中进行直播连线，下面选取部分内容进行解读。

主播：……我们来连线正在抗旱一线的总台记者吴成轩。成轩你好，为我们介绍一下你在前方观察到的最新的情况。

记者：好的主持人，我现在所在的位置是位于榆林市横山区城关街道的兴丰村，这个村子大概是处于一个毛素沙地和黄土高原过渡的地带。

那大家通过画面能看到，这种没有降水带来的影响呢，像这样的玉米干枯、卷叶，最能说明情况的，是土地里面的水分情况。我来给大家现场挖一下。因为长时间的这种干旱，土地结块是非常严重的。大概挖到60厘米深的这个位置呢，会出现一点点这样的墒情的这种情况。

那因为受这样的影响，像玉米除了表面的这种绿色叶子的这种卷叶，像底部这种叶子，大家可以通过声音听出来，非常干脆，在风力的作用下，直接就飘起来了。

此外，据气象部门的通报，今年整个榆林的降水较往年同期相比是减少了四到八成，而且大部分的区域没有降水的日子，已经超过40天，这种干旱的强度是达到了近10年来最强的一个年份。那因为受这种旱情的影响，榆林市境内的多条中小河流也出现了不定时断流的现象。为此陕西省防汛抗旱指挥部也是启动了4级抗旱应急响应。而我所在的横山区，因为这种旱情更加严重，也是在之前启动了抗旱的二级响应。

那在我旁边呢，可以看到镇村的干部，已经开始将这种用于灌溉的水管进行设置，对这些长势目前还算比较良好的一些玉米，进行一个及时灌溉。

此外，像榆林的多个部门，向邻近的省份调派了这种用于人工作业增雨的这些飞机，那最大限度地抓好这种有利的天气去实施人工降雨。同时，像农业部门水利部门也是调动现有的一切可调动的这种水资源和水利设施，比如说尤其是新打这个抗旱机井。此外呢，还调配了10000多台这种灌溉的设施，并且下派了1000多名干部下沉到各个比较严重的像靖边定边这样的白云山区来指导大家，不仅仅是抗旱，也为旱情引发的这种玉米和农作物的病虫害，避免两个这种交叠的影响。所以相对于像我身后这样的情况来看，绝收的这种地块呢，现在农业部门也是去推出一些更有利于在秋季甚至是短时间去生长的这种农作物的种子。目前这项工作也正在下发种子当中。那一旦天气条件有利的情况下墒情允许，那么将及时地进行补种和改种，尽量把旱情的这种影响降到最低，减少农户的这种损失。好的主持人，榆林抗旱的情况就是这样。

从这段报道中，可以看到水旱灾害直播的可视性，也称之为可感性。记者首先通过所处环境呈现视觉上的“玉米干枯、卷叶”，然后进一步将农业抗旱最直接的信息点进行可视化呈现——土壤墒情表达。记者首先通过土壤结块情况，以及展现铲土困难程度，说明土壤含水量不足，然后通过数据对比，呈现和正常年份的区别。

这段报道充分呈现了直播环境要素，既展示了“玉米干枯、卷叶”的情况，又通过玉米底部叶片的“脆”来呈现土壤缺水造成的影响；既有对所处整体环境的陈述，也有对抗旱救灾的具体举措、数据、方案等的说明，以此来实现实地说明灾害影响、难度、进展等核心信息。

3.气象

2016年6月23日，江苏盐城遭遇强冰雹和龙卷风双重灾害，风力超过17级，造成99人死亡，受伤846人。当天多路记者赶到现场进行滚动直播。本组案例解析，选取多个点位直播案例进行呈现。

在《朝闻天下》栏目（6点档）中记者进行直播连线，下面选取部分内容进行解读。

主播：……那目前那里的情况怎么样？我们来连线此刻正在前方的本台记者李筱。李筱给我们来介绍一下你现在所在的位置，前方的情况怎么样？

记者：好的，主播。我现在所在的这个地点，距离厂房隔着一条河的距离。那我们刚刚也从消防还有包括厂区的工作人员口中得到（信息）。因为这个厂房它其实是一个生产太阳能电池板的厂房，所以里边大概是有十几种的化学原料。那么昨天我们在这里采访的时候是发生了轻微的一种叫液氨的物质的泄漏。那这个消防队员啊，为了防止这个液氨进一步泄漏，他们也是每隔这个30分钟分成4组，地毯式地对厂房内的各个阀门各个道口进行了检查。

来看一下我的身边啊，因为我们昨天到这的时候呢，已经是非常晚了，所以对整个厂区究竟遭受了怎么样的损毁，然后情况（感受）还不是非常直观。来看一下啊，像我们身边，这棵树上缠绕的，我们原来以为它其实就是一块塑料布，但是您听。（记者敲击现场物品）敲一下才发现它是硬的，那这究竟是什么呢？看一下河对面。这些呢都是由对面厂房的房顶吹到了河对岸（的金属材料），全部缠绕在这棵树上，而树的上半截已经是完全没有了。顺着再往前看一下，像这辆摩托车的损毁情况其实还算是好的，至少还是直立在这儿、车头呢有一些损坏。但是像是一些轻型的，像这种电动车的损毁情况就不那么乐观了，从现场这个情况来看，绝对不是说风吹倒了这么简单，而是风吹上天之后重重地砸下来，你看整个车的结构都已经完全碎掉了。那在我的身后呢是一辆大轿车，就在我们刚刚直播之前，那辆蓝色的重型卡车其实是被风吹翻在河里的，那直播之前，这个大吊车已经是把这个卡车全部弄上来了。

下一步可能还要在河里进行一些失踪人员的打捞。我们也了解到消防队员在这里大概是有400多人，他们也是分成几个组使用生命探测仪对厂房内来进行人员搜救。那昨天呢，已经是成功地转移了300多人，而且，昨天在晚上的时候也是救出了7个人，另外两名失踪人员被找到的时候已经是不幸身亡了。那下一步呢，他们将进行外围的搜救，然后将外围的一些（杂物）稍微清理之后呢，他们将深入到那个厂区的内部来对这个厂区做进一步的处理。主播，我目前现场的情况就是这样。

这段报道采用了突发事件直播口语组织的结构原则：先现场后背景、先紧急后既发。这里的“现场”“背景”“紧急”“既发”分别指“事件正在进行和发展的态势、方向”“引发口语直播现场的原因和因素”“突发事件的威胁性、紧迫性事实”“突发事件已经造成、无法弥补且紧迫性稍逊的事实”。

记者首先转述有关方面的消息，总体陈述“目前整个情况来已经得到了控制”。然后围绕这一现场，分别陈述气象灾害急需处置事件的源头——液氨。记者在阐明受损厂区主要化工原料、泄露原料及其生产必须性以后，对处置的过程、步骤、方法进行了口述。最后阐述现场的进展情况——“目前整个情况已经得到了控制”。

记者在阐述气象灾害的影响时，也分别从视觉可察的震撼情况来依次展示了看似是塑料布的厂区铁皮、受损树干、摩托车、电动车、大轿车、重型卡车等信息。在充分表述了气象灾害的瞬时破坏力之后，陈述既定事实：成功转移救援人员和不幸遇难人员。

这段报道重点清晰、层次分明、表达准确，对突发事件的还原和表述明晰度高。

4.地质

2021年7月5日四川木里发生泥石流，因及时预警，251户1042名群众成功避险，7月9日，央视记者赶到现场进行直播观察，在《新闻直播间》栏目（17点档）中进行直播连线，下面选取部分内容进行解读。

主播：……现在总台记者张力正在受灾的项脚乡，有关救援的具体情况我们来连线张力。张力你好，给我们介绍一下现场的情况。

记者：嗯，好的主持人。我现在所在的位置呢，就是发生泥石流的项脚乡项脚沟的这个下游。我站的这个地方，老乡们告诉我们，其实是村民的一个聚居区，是有很多民房的，但是可以看到在我身后已经看不到任何民房的影子，已经被泥石流给完全淹没了。而且我现在所站的这个地方因为泥石流的堆积体，已经被垫高了将近两米。在旁边，这栋民房是这个区域当中所剩的唯一一间民房，而且可以看到已经被泥石流的堆积物淹掉了。在这个房子旁边有一个洗衣机，其实这个洗衣机不是这户人家的，是从上游给冲下来的。那么通过这个就能感受到当时发生泥石流的这个冲击力有多大。

那么据当地的这个监测报告显示，此次发生泥石流它这个堆积量达到了162万立方米，是一个非常大的一个量值。之所以会发生这么大的一个泥石流，跟这个项脚沟特殊的地理环境是分不开的。发生泥石流沿线，其实受灾最严重的是这个项脚沟的沿线，但是泥石流最开始发生并不是在项脚沟，而是在项脚沟两侧的这个支沟。给大家做个比喻，我的这个手臂就相当于是受灾最严重的项脚沟，我的这个手指就相当于是项脚沟两侧的支沟，那么在项脚沟两侧有13条支沟，还有无数的这个二级支沟，是像毛细血管一样深入到大山当中的。

泥石流灾害发生之前当地是进行了一个有效的撤离，并没有造成任何一个人员伤亡，这得益于当地人防加上技防的这么一个地质监测的一个系统。（记者演示手摇器报警）

虽然这个手摇式的报警器看着非常原始，但是在地质灾害发生的时候往往会伴随一些情况，比如说像通信中断、交通中断、电力中断，当通信设备不能再使用的时候，这个手摇式的报警器发出的声音就是至关重要的。而且一个手摇式报警器覆盖的声音是2公里，多个手摇式报警器覆盖的声音会更广泛。当天发生泥石流之前，上游的群众是在5:29开始撤离的，下游的群众是在5:54开始撤离的，而泥石流是在6:10发生的。

那么在灾情发生之后，现在有一个除了就是对于当地群众这个安置转移之外呢，另外一个工作有两点。一方面要进行清淤的工作。那么另一方面，在上游主要是要对地质灾害隐患点进行一个筑坝的工作。从昨天开始到现在我们到现场这个降雨就一直在持续，也不排除会再次发生灾害的这个风险，所以当地呢也是对各个地质灾害隐患点进行持续的监测。好的，我在现场了解到的情况就是这样。

在这段报道中，可以看到地质类突发事件发生后，面对不可抗力灾害时记者的主要关注点：灾害影响、救援情况、防范工作。此外，和其他自然灾害相似，人员物资的转移安置、重建等工作也具有传播价值。

这段报道的特殊性在于事件的有效预警避免了重大人员伤亡。在进行实地探访时，灾害程度、人员避险、防范处置3个环节可有效进行相互支撑和说明。灾害程度可说明预警和避险的及时、有效。这一环节上，记者通过“我身后已经看不到任何民房的影子”“其实是村民的一个聚居区”“泥石流的堆积体已经被垫高了将近两米”3组信息说明泥石流的破坏性，而现场唯一可见的民房帮助记者实现了抽象概念的具象表达。记者抓住了民房的被淹情况、房屋旁的洗衣机等说明了泥石流的破坏力。同时，记者在进行概念具象表述时，对泥石流的形成进行了模拟介绍。通过手臂、手掌和当地河道主沟、支沟的类比，说明了灾害的叠加效应，通过漏斗状汇集，说明了7条支沟同时引发162万立方米泥石流及其裹挟的砂石、建筑物、植被等形成的破坏力。对于成功预警和应对如此海量泥石流的方案这两个方面，记者通过“人防”“技防”两个维度来解释，分别对具体工种及工作流程、不同类型报警器的演示、说明及工作原理的阐述，进而说明了预警的合理和有效。进而通过3组时间节点说明了短时间内的人员疏散工作。此外，记者也结合现场持续降雨的信息，说明成功转移疏散人员后上下游的工作，并从河道疏浚和隐患点筑坝两方面对现场的持续性工作进行了报道。

（二）事故灾难类

1. 企业安全事故

2021年6月13日湖北十堰发生农贸市场重大燃气爆炸事故，当天央视记者赶到现场进行探访，报道在《经济信息联播》栏目中进行直播连线，下面选取部分内容进行解读。

主播： 今天下午记者探访了爆炸事故的核心现场，我们来看一下现场情况。

记者： 我现在就是在爆炸的核心现场。看我身后的这个农贸市场啊，它一共是有两层，目前呢，已经完全面目全非了。我们先看一下一个细节，你看我们第二层的农贸市场，它这个地板已经完全坍塌了，而它第一层的这个地板也已经完全坍塌到地下一层了。早上消防人员到达的时候，我们的这个被困人员基本上都是困在地下一层。

我们先走近一下看一些细节，比如说看我眼前的这一段钢筋啊，你看，这么坚硬的一段钢筋，它其实是被炸弯的。而且呢，来看一下我身边的这一块预制板。这块预制板，其实消防人员告诉我之前是在二楼的，那在爆炸发生之后呢，它也直接掉落到了一楼，而且我们看这个顶部。顶部呢，目前它的一些结构还是处在不稳定的状态，处在一个松动的状态，那么这给救援呢带来了一定的危险性。

我们整个农贸市场，现在走一圈下来大概是有接近100米，而且它的单层面积是在1300平方米左右。也就是两层加起来是2600平方米左右。而且我们注意到啊，这个农贸市场是建在一个小区里面的，所以它周边的小区是紧挨着这个农贸市场的。那这一次的爆炸也波及了附近的小区。来看，我们现在画面中看到的这一个小区它其实就是在农贸市场的后面，我们可以看到它的这个窗户的玻璃基本上也全部被震碎了。

那我们还了解到，今天早上发生这个爆炸事故之后呢，整个片区的这个天然气的总阀已经关闭了，那目前呢，我们现在救援仍然在继续，从下午三点钟开始，已经是在进行第三遍的一个搜救，早上已经进行了两遍搜救。那据当地的消防介绍，他们在搜救的过程中呢，第一个呢是要进行检测，因为虽然说爆炸离现在已经过去了将近10个小时了，但是目前啊，我在现场还是能够闻到，这种煤气的味道。我们看到目前现场的救援的人员呢，现在正在进行现场清障的工作，而消防人员呢是在用这个水枪喷洒这个水来进行降尘。而我们往前面来走一下，看一下我们的消防人员是带着哪些工具。

同期:（记者）哎，你好，能给我们介绍一下你们是带了哪些工具吗?

同期:（消防员）我们带了手动液压破拆工具组，然后那个生命探测仪还有这个音频探测仪，这个也是音频探测仪，然后那个雷达探测仪现在已经下去（工作）了。

同期:（记者）那这个音频探测仪和生命探测仪的区别是什么呢?

同期:（消防员）就是通过下面（如果）有人的声音，有人活着，然后还有呼吸声,（音频探测仪）都可以探测到。

记者: 目前的救援也是在持续进行中，我们也会持续关注这里最新的情况。

从这段报道中，可以看到记者对事故救援现场主要信息的介绍，包括事故现场破坏程度、事故救援进展以及事故救援装备。作为报道开展的基础，进展的具体程度和所需装备均需结合现场破坏力来进行说明。记者在解释现场时，采用了中心辐射的方式，从爆炸的破坏点开始到农贸市场位置、农贸市场对周边小区的影响分别进行介绍。爆炸后的地板塌陷是第一个直观细节，其坍塌程度、位置、埋压深度决定了人员搜救难度；第二个细节是一段被炸弯的钢筋，说明了冲击波的力量对伤亡人员的影响；第三个细节是预制板和残存建筑物顶端的不稳定状态，说明了救援速度、方法的受制因素。而后，从细节点扩大，总破坏面积、农贸市场区位、周边小区玻璃的碎裂等，对事故核心区域的受损、被困和救援情况进行补充说明。

对于救援进展和装备，记者分别从天然气的关闭、防止救援过程中的爆燃、救援三轮开展、救援力量的准确数据方面阐述救援过程。在报道救援工作时，记者围绕清障、降尘来介绍。对于救援深入、有效开展，快速发现被困人员使用的装备方面，记者在了解并简要介绍后，进一步追问音频探测仪和生命探测仪的区别，让观众对后续救援的科学性有了更直观的了解。

2.交通运输事故

2010年12月27日湖南衡南发生校车坠落事故，当天央视记者赶到现场，在《新闻直播间》栏目（17点档）中进行直播连线，下面选取部分内容进行解读。

主播：现在本台记者刘航已经赶到了事故现场，有关详细的情况，我们马上来连线一下他。刘航，你好。

记者：你好，主持人。

主播：在事故现场的救援进行，到底是什么样的程度？

记者：我们大概4:50抵达现场的时候呢，救援工作已经全部完成，那么我们现在在现场啊，已经感受到了这个事故给当地带来的一丝阴霾。

那么今天早上这个雾气的能见度大概有多远呢？从这个桥头到桥的那边大概15米左右的这么一个距离，严格来说这个雾气的浓度还是比较严重的。据我们了解到的一个情况是，当时这个三轮车上这个斜坡的时候、上这个桥的时候，发出了一个非常巨大的轰响，引起了当地在5米开外的一个当地村民的注意。因为他说从来没有听到过这么轰隆巨响的一个声音，这也就意味着这个车，当时肯定是车况上出现了问题。

那么在现场啊，我们发现当地的居民进行救援时，还散落了非常多的物品，我们往河里看一看。就在河面上，我们可以看到远处有两只小学生的鞋子，还有在这边有一个书包，我们还看到有一个轮胎，那么在现场呢，我们找到了第一个参与救援的当地的村民，叫作颜昌九。

同期：（记者）你好啊老乡。当时你是在什么时间怎么知道这里发生的事故，你是怎么赶到这里的？

同期：（村民）大概是七点多钟的时候，突然出现一声巨响。我也不知道发生什么事情，伊师傅（音）的老婆就喊“不得了”。好，我就出来了，出来了之后我们没有拿东西，不知道什么事。好，于是呢，过来的时候呢，就看到……

同期：（记者）当时车坠落在哪个位置？

同期：（村民）车就（坠）落在我这个位置，在水里面，离水面还有……水（面以上的部分）还有火星……

同期：（记者）有人呼救吗？

同期：（村民）呼救……他，嗯，可能司机的话……

同期：（记者）你们是怎么救的？

同期：（村民）我是撒（抛下）轮胎救的。但是下面呢，车面上呢另外一个年轻人，叫王金平（音），他来一个一个地抓住我的轮胎来一个一个（人）拖下来（车）来的，来运，(怕）天气没有多热没有力……

记者：嗯，好，我知道了我知道了。可能是这位老乡还有些许的激动，因为他是第一个到达现场参与救援的人，当时的这个情形他尽收眼底。据他告诉我啊，他跟一个叫作王金平的村民两个人手搭手，互相配合，他是利用一个捕鱼的轮胎，他人坐在上头，然后王金平跳到这个车顶棚的一个篷布上面将学生捞起之后递给了他，他再用这个轮胎，一个一个地往岸上运。那么送到岸上以后，赶过来的村民将受伤的学生又送到了5米之外的这个小诊所，送到了当地的这个群众家里头。主持人。

主播：所以说，幸好我们的村民帮忙，这个救援工作才能比较及时地进行。我们的新闻，一直在报道说这次的事故造成了14人死亡，能不能介绍一下这14人死亡当中是不是全部都是学生呢？

记者：对的，因为这一个是农用车啊，专门接送的是当地东塘村的小学生，而这个村里面总共有20名小学生。那么今天早上这20名小学生全部在车上。当时事故发生以后，据当地的有关部门的一个新闻通稿发布的一个正确、准确的消息是，当场有9名小学生是不幸遇难，那么另外有一名小学生失踪，一直到今天中午的12:00才找到，并且也确认已经不幸遇难。那么有另外的伤者呢……

主播：这是一起悲剧性的事件，那另外还想问一下，现在这些受伤的另外那6名小学生他们的情况怎么样？还有我们想问为什么校车会是一辆三轮车？

记者：另外的伤员呢，在第一时间已经被当地的120急救车送到了衡南县的人民医院进行抢救，目前的伤情是基本稳定、没有生命危险的。但是，至于这个校车的问题，我觉得是一个我们还将继续关注的一个问题。因为我听当地的老百姓说，这样一辆农用的三轮车每天接送小孩，要经过这样的一个桥面，而且要经过两趟，并且是每天都是这样的一个超载的情况。我们还将继续关注当地校园安全和校车运输的这个安全的问题，主持人。

主播：好的，谢谢我们的记者发回的报道。

从该报道可以看出，对于交通事故肇事救援结束后的现场报道，主要要素涵盖了事故原因探访、救援过程还原、事故责任调查等方面。

该段报道选择的方式是通过现场痕迹切入，介绍事故发生地的环境，阐述事发后民众参与救援的过程，遇难人员、受伤人员的收治情况，以及事发车辆运营情况，因事故原因尚未盖棺定论，在阐述事发车辆运营情况时，记者仅转述民众提供的信息。

可以看到，记者在组织直播语言时，由对事发地环境信息的介绍引出了事发时可能的驾驶信息。其中对于司机可能的驾驶行为的表述，既有刹车痕迹的表述，也有当地民众日常在该路段驾驶习惯的转述，给观众留出观察、判断的空间。在表述救援过程时，记者采访了第一个参与救援的当地的村民，提出了“当时你是在什么时间怎么知道这里发生的事故，你是怎么赶到这里的”“当时车坠落在哪个位置”“有人呼救吗”“你们是怎么救的”等核心问题，通过问答基本还原了救援过程，同时由于受访群众表达不清晰，记者进行再次复述。

3.公共设施和设备事故

2013年12月26日四川泸州发生商场爆炸，当天央视记者赶到现场，并在《朝闻天下》栏目（7点档）中进行直播连线。下面选取部分内容进行解读。

主播：……相关的情况我们马上来连线正在现场采访的本台记者。

记者：那么在我身后的这条街就是泸州市江阳区的水井沟，它是泸州市非常繁华的一条商业街。那么通过我身后的这个场景，大家可以看到现在天桥上熙来攘往，这个城市已经进入了早晨上班的这样一个节奏。但是谁也没有想到在昨天晚上的7：40，就在前方，我们看到消防车再前面一点、大概100米左右的一座商场发生了爆燃的事故。那么现在呢，距离爆燃事故的发生已经过去了10多个小时，那么现在这些消防官兵依然坚守在这里，是因为到现在为止，火势还没有完全被扑灭。

那么现在呢，我们请导播给大家回放一下，我们稍早之前徒步进入现场的这么一个画面。

那个时候可以看到，整个大楼还是笼罩在一片浓烟当中，而且1楼的这个地方，不时还会有火舌从这儿、从楼内向楼外喷出来，所以消防官兵一直在对这个大楼的周围用高压水枪进行控制。因为这个大楼是处在一个市中心的繁华的商业区，如果火势控制不好，极有可能会引发周边的这些建筑产生连带的这种火灾。

那么据我们了解呢，到目前为止现场已经是出动了上百名的消防官兵、数十辆的消防车，在这里呢对火势进行控制。那么刚刚呢，我们也从他们那里得到消息，到目前的这个大楼的明火已经基本被压制住了，现在主要是浓烟还有一些大，相信很快这个大楼的火就会被完全熄灭。这个爆燃的这个威力究竟有多大呢？那么在我们进入现场之后呢，我们可以看到在整个现场当中呢，应该说首先道路中间的这个金属的隔离栏已经是被这个冲击波给摧毁，同时地上也一片狼藉。给我印象特别深的，大家来注意看到，就是在镜头当中会出现一个绿色的出租车，这个出租车当时是停在那里的，它距离大楼有200米的直线距离，但是呢，大楼的冲击波夹杂着一些碎石，直接造成这辆出租车的前挡风玻璃和侧面呢，已经出现了这种粉碎的现象，所以说大家可以看到这次爆炸产生的冲击波，它的覆盖范围还有它的强度应该是显而易见的。

那么说到这里大家肯定会非常地担心，事故造成了多少人员伤亡呢？我们刚刚也从泸州市江阳区政府新闻办公室拿到了截至今天早晨6:00最新的，对于这起事故的新闻通稿。那么截至目前呢，这次事故一共造成了4人死亡35人留院观察。

那么刚刚说到了这些出现伤亡的人员，现在受伤的这35个人呢，分别被送往了泸州市的4家不同的医院。那么在这其中我采访到了一位伤势比较轻的伤者，这位师傅呢是一位出租车司机、姓陈，在爆炸发生的时候，他正好开车从商场的这个门前经过。他告诉我说当时他只是听到了一声巨响，然后就仿佛是电影里出现的那种强大的冲击波的场景，向自己的车冲过来。那么这一次受伤的伤者呢，除了当时有这个瞬时造成的一些皮外伤以及这个损伤之外，还有很多人呢，是因为这个浓烟导致吸入性的呼吸感染造成的这种伤害。到目前为止呢，现场的工作就是这样。

从该段报道可以看到，记者首先给出的就是公共影响的因素“繁华商业街”“早高峰”，即事故影响面已由“人流密集商场”向“早高峰交通组织”渗透。而后记者对于现场救援进展进行说明，分别从持续时间、现场火情、灭火扑救、救援力量4个主要方面展开。在报道中现场要素的呈现充分利用了插片、关联建筑物、道路隔离栏、路面受损车辆、转述轻伤人员经历等信息，结合火势画面对事故现场进行展现。此外，该段报道中对于伤亡人员的信息梳理，既引用了权威信息，也梳理了医疗机构的具体数据并转述了轻伤人员的遇险经历。其中，转引部分既包括具体事实性描述，也包括感受性描述，并据此将事故核心区域的伤者伤情和外围受波及人员的伤情进行了呈现，逻辑性、事实性实现了较好结合。

（三）公共卫生事件类

1.传染病疫情

2019年4月，江苏省某医院发生一起院内感染丙肝事件，造成69例患者感染丙肝。事发后记者赶赴当地，在直播中以电话连线方式在第一时间梳理汇总最新情况，报道在《共同关注》栏目中进行直播连线。

主播：……汤涛你好，给我们介绍一下你目前了解到的有关这一次感染事件的最新的情况。

记者：嗯，主播你好，我现在所在的位置是某医院。据该院的负责人介绍，5月13日，该院血液净化中心发现一例丙肝抗体阳性患者，该患者60岁，是名女性。由于丙肝容易通过血液传播，为了防止其他患者也感染，该院对在院接受血液透析治疗的161名患者进行了筛查。在5月16日筛查结束后发现，共有69人感染丙肝病毒，其中男性50人，女性19人，年龄最大的77岁，最小的26岁。当天晚上江苏省和盐城市组织了15名专家进驻该医院开展调查处置工作。另外，某市卫健委医政科科长某某说，经国家、省、市组成的专家组调查认定，这次事件是一起因医院院内感染管理制度落实不到位等原因造成的院内感染的事件。

目前，根据国家、省、某市卫健委要求，该市正在全市范围内组织开展院内感染风险专项检查，进一步规范诊疗的行为，并责令该医院根据专家组意见，针对存在的问题迅速落实整改方案，限期整改到位。也就在刚刚我们从市委宣传部了解到，相关部门已对该医院党委书记、院长某某等16名相关责任人进行了不同程度的问责处理。主播，（我）了解的情况就是这样。

主播：好的，谢谢你的介绍。

根据新闻传播实践和《中华人民共和国传染病防治法》的有关规定，可以看到传染病疫情防控和处置在包括预防、报告（通报）、控制、救治、监管和保障等环节对信息公开均有现实需求。

从案例中可以看出，病毒性肝炎在我国被明确划分为一类传染病，某市发生的院内感染事件经调查从当年4月到5月共69人感染。在事件处置过程中，记者赶赴当地对关键核心信息进行梳理、通报事件进展，充分展现出公共卫生事件处理应对环节，主流媒体的信息传播能力。报道中，记者逻辑层级清晰度高，在近3分钟时间内按照“最新人员数据”“医疗救治工作”“事件原因分析”“当地处置应对”等方面开展报道。虽然直播采用电话连线缺乏现场画面信息辅助，但信息层次分明、逻辑结构清晰，有效完成现场记者解释事件、回应公众关切的职能。

2.食品安全和职业危害

2021年8月韩国发生食物中毒事件，央视记者赶到现场，在《天下财经》栏目中进行直播连线，下面选取部分内容进行解读。

主播：具体的情况我们马上来连线在韩国的财经频道特约记者刘峥。刘峥你好，请给我们介绍一下你在当地了解到的情况。

记者：我现在呢，在紧邻首尔、位于韩国京畿道的城南市。那截至目前，这次疑似食物中毒的患者已经达到了134人。在我的旁边呢，就是涉事紫菜包饭品牌连锁店的门店之一。我们看到门上黑色的字体呢，就是停业的意思，上方也贴出了致歉信。那这个门店所在的这幢建筑里啊，有着大量的培训班，还有一些中小企业，他们是这家店的主要消费群体。从本月的2号起，陆续有曾经到访过这家店的顾客出现了发烧、头疼还有腹泻腹痛等症状。

那这一家紫菜包饭品牌位于城南市的另一家门店，也有顾客反映类似的情况。当地医院在部分患者的体内检测出了诱发食物中毒的沙门氏菌。

目前当地的卫生部门已经从涉事两家门店的这个菜板，还有一些餐具等物品上采集样本，并正在进行流行病学方面的分析调查，预计9号将发布结果。当地的卫生部门表示待检查结果出来后再决定是否扩大调查的范围，及对企业进行处罚。目前呢，企业方面已经道歉，并表示会为所有的患者交纳医疗费，同时将根据调查结果积极地协调赔偿。

夏季是食物中毒的高发季，近期韩国多地出现了不同规模的食物中毒事件。目前韩国多地的卫生部门发布了食物中毒的注意警报，提醒民众要对食材处理干净。像是肉类，一定要煮熟煮透；那隔夜的饭菜要冷藏保存，同时还要提醒大家应该定期对烹饪工具进行清洁和消毒。那以上就是我们来自韩国的报道。

从该段报道中，可以看到食品安全和职业危害突发事件发生后，报道内容的几个重要方向。第一，对于单一或明晰的事发地进行探访探查，并对突发事件进展进行跟进，因为防范事态进一步扩大是受众的重要关切点之一，记者首先展现的就是店铺停业的相关信息。第二，记者通过在事发地点的观察和梳理，将受影响人员、主要事发脉络关联起来。第三，记者对事态的跟进是将重要篇幅给到了医疗机构、卫生部门的救治和调查，与事件进程相符，满足受众对于受影响民众近况的关注和事件处置、原因调查的深度关切。第四，记者梳理了事件发生的背景信息——事件高发时段、高发原因，并有针对性地提出防范建议。

（四）社会安全事件类

1. 群体性突发事件

2021年4月4日美国纽约发生抗议集会，当天央视记者赶到现场报道，在《中国新闻》栏目（18点档）中进行直播连线，下面选取部分内容进行解读。

主播： 当地时间4月4号，美国纽约市的上万群众走上街头，抗议近期不断在纽约市和全美发生的针对亚裔的种族歧视及暴力事件。

记者： 纽约在过去一段时间，实际上每个周末都有这样的抗议示威活动。今天这一场看起来的规模呢，实际上是最大的一场。那么之前就有预告说，今天大约有200个团体会参与到这次这个反歧视亚裔的活动当中来。

配音： 活动的主题是停止仇恨犯罪、反对种族歧视、捍卫亚裔权益。活动主办方表示亚裔在美国社会遭到歧视的事件时有发生，但过去一段时间达到了高峰，而美国各级政府官员鲜有实际行动，此次活动的目的之一就是向政府表达不满。

同期：（民众）他们不了解亚裔的风俗，整天在抹黑，希望就是今天我们做抗争示威，向政府发出一个（信号），说你要重视我，不要把我们当透明。

配音：有不少抗议者高举“停止仇恨亚裔停止歧视”“仇恨才是病毒”等标语表达诉求。有抗议者还带着子女、老人一同前往，表达对活动的支持。除了亚裔民众外，包括其他少数族裔的团体也参加了当天的抗议活动。

同期：（民众）仇恨一人就是仇恨全部，我希望所有人能够一起生活、共同生存。人与人之间不应该有这样的仇恨。

配音：由于人数众多，布鲁克林大桥出城方向的车道被完全封闭。抗议者陆陆续续走上大桥，时间持续超过了半小时。

记者：游行队伍已经走上了布鲁克林大桥，那么实际上，抗议者们希望能通过他们今天这个活动呢，比如让更多的人听到他们的声音，让他们能够更加地重视亚裔团体在美国的这个安全。

配音：此次游行提出了五大诉求，包括呼吁政府遏制仇恨犯罪的苗头、要求政客立即停止诋毁亚裔的言论、呼吁各地执法部门严惩仇恨犯罪、提供亚裔社区更多反歧视的帮助、为多元化社区促进团结提供更多的资源和保障。

该段报道是较为典型的现场+综述型的报道，在国际传播和群体性突发事件传播中均较为常见。这类报道除了把握“现场”“突发”两个主要元素，历时性观察分析是直播口语的一个突出特点，如果缺失全局性、整体性分析和梳理，报道内容就容易出现偏颇、一叶障目的问题。

从该段报道中可以看到，记者的现场捕捉选择的是同类事件中的典型现场——数起抗议活动中规模最大的一场。首先，记者通过现场环境、集会团体规模超预期等信息综合呈现。紧接着，记者由解说示威主题、目的来说明活动的背景信息，并为后续采访、了解民众诉求和想法进行铺垫。最后，记者分别从参与集会抗议群体的族群、行为和抗议持续时间等方面跟进事件发展，并概述活动诉求和宏观背景来呈现事件的全貌。

2.军事冲突事件

2022年俄乌冲突爆发，中国政府迅速组织包机并执行中国公民撤侨行动，凤凰卫视记者在现场进行观察报道，在《时事直通车》栏目（3月4日）中进行直播连线，下面选取部分内容进行解读。

主播：第一批从乌克兰撤离到罗马尼亚的中国公民，4号将从罗马尼亚首都布加勒斯特搭乘第一班撤侨包机回到中国，他们主要以留学生为主，来看本台特派当地记者从现场发回来的报道。

记者：我现在的位置是罗马尼亚首都布加勒斯特，现在是当地时间的3月4号上午7:50。那么我身后呢，正是从乌克兰途经摩尔多瓦撤离到罗马尼亚的中国留学生，他们此刻正在准备登上大巴前往机场，并将在今天下午搭乘首架包机返回中国。我们也随机采访几位同学，看看他们的此刻心情如何。

同期：（留学生）非常激动，感谢、很感谢祖国。

同期：（留学生）谢谢、谢谢祖国。

同期：（留学生）激动啊，晚上睡不着觉啊。

记者：在经过20分钟左右的车程之后呢，我们是顺利抵达了布加勒斯特的奥托佩尼国际机场。可以看到身后呢，同学们已经下车了，正在取行李。那么机场的相关工作人员一会儿也会统一协助大家办理登机手续。我们现在是在机场的这个候机大厅等候统一办理乘机手续，那我们看到现在有工作人员，就是包机的工作人员在一个墙上在张贴一些告示，我们去现场了解一下他们贴的是什么东西。

同期：（记者）你好。你好，哎，我们想现场采访一下，咱们现在贴的这个东西是做什么用的？

同期：（航司工作人员）这是我们第一个航班，CA702航班。目的地是杭州，是我们第一个撤侨的航班。我们要把这个海关的这个要求，就是这个填报的小程序的要求，先张贴在这，然后呢辅助大家能够提前来做一些申报。

同期:（记者）我看这里有个二维码，是吧？就是同学们要扫描这个二维码？

同期:（航司工作人员）对，扫描这个二维码。因为我们原来做的这个上头，包括这个也有一个二维码扫描的，这个是两个版本啊，都可以扫。

同期:（记者）那两个APP的内容是什么？

同期:（航司工作人员）主要是旅客的身份。

记者: 我现在是来到了机场的这个值机柜台，可以看到我的身旁，同学们正在有序地排队办理托运手续和领取登机牌。那可以看到这个屏幕上显示的第一架包机是当地时间的13: 20起飞，目的地是中国的杭州萧山国际机场。那航班号是CA702。那已经领取了登机牌的这个人呢，可以从我现在的这个通道过安检前往登机口。据了解，今天搭乘包机回国的人数大概为480人，将分为两架包机，目的地分别是杭州和郑州，机型是A330、A300，最大的载客人数是301人。而根据安排，在接下来的两天、5号和6号，还将会有4架包机陆续抵达，继续执行撤侨的工作。以上就是凤凰卫视特派记者金亮、林平在现场发来的报道。

从该段报道可以看到，和上一个案例相比，记者身处冲突伊始进行报道，彼时战斗的战况、受影响民众是两条并行、并重的报道线。记者选取的是充分展现军事冲突中，保护民众、体现担当的大国行动——中华人民共和国撤侨行动。这段报道在传达我国党和政府对身处冲突区华人华侨的关心的同时，也给担忧家人安全的国人吃下定心丸。

从报道结构和口语表达来看，记者首先展现了民众（留学生）有序登车前往机场的画面，通过和民众的对话，真实呈现撤离民众的激动心情和安定情绪。其次，在奥托佩尼国际机场，记者简要陈述了从登车到进入航站楼的经过，并对现场办理值机、托运等归国登机场景进行观察。其中，值得注意的是记者对现场细节的关注，通过展示航司工作人员张贴告示，展现我国民航有序、规范的组织，将“有序”“安定”的细节保障进行呈现。最后，记者由现场正在进行的首班撤侨包机情况进行综述，补充撤侨包机情况的持续推进，使报道在关注“首位度”信息的同时，展现“国家力量”、“及时应对”和“冲突残酷”的强烈对比，彰显了报道的高度、温度。

二、实训内容

（一）自然灾害类

请参考天津广播企鹅号《直击 | 暴雪后天津首个早高峰，你迟到了吗？》的报道完成以下训练。

1.为天津当地广播直播进行一次音频直播连线。

2.作为驻津记者向总部进行一次电视直播连线。

（二）事故灾难类

请参考湖北日报客户端《45名驴友被困悬崖峭壁 消防历经9小时成功营救》的报道完成以下训练。

1.请以上述材料为基础，查阅资料后进行“进行时”直播语言组织。

2.请以上述材料为基础，查阅资料后分别围绕“救援难度”“救援进展”“救援方案”进行直播语言组织。

（三）公共卫生事件类

请参考新湖南客户端《一家三口中毒！今年湖南已发生野生蘑菇中毒事件10余起》的报道完成以下训练。

1.模拟在当地医院急诊科进行直播报道。

2.模拟在当地社区进行直播报道。

（四）社会安全事件

请参考澎湃新闻《乐融儿童之家一校区遇困“解散”：五百多学生退费难，相关方正协调》的报道完成以下训练。

汇总并梳理相关信息进行直播报道。

第四章　体育赛事直播口语

解说员—解说

第一节　体育赛事活动

一、体育赛事的界定

体育赛事是有级别、有规模的体育比赛，它是产品，是产业，更是人们重要的精神文化。[①]不同的体育赛事体现不同的特性，目前大众所接受的体育赛事其共性主要包括社会影响力大、媒体依赖性强、多元化、商业化等。随着社会的发展，体育赛事的共性也将随之发生变化。

体育赛事满足人们对体育的消费需求，增强集体凝聚力，对于拉动经济、稳定政治、促进外交、塑造城市形象等都具有非常大的影响。

二、体育赛事的类型

体育赛事资源丰富、种类繁多，是一个社会关联性非常强的活动事件，

① 梁华伟.体育赛事组织与管理［M］.上海：上海交通大学出版社，2018：8.

很难全面且细致地对其彻底分类。为了便于认识和研究，本章从赛事的地理区域、赛事规模、计分性质、赛事任务、赛事内容、参赛对象、消费群体及新出现的电子竞技等进行分类，如表4-1所示。

表 4-1　体育赛事的类型

<table>
<tr><th>划分依据</th><th colspan="2">分类内容</th></tr>
<tr><td>地理区域</td><td colspan="2">全球体育赛事、洲际体育赛事、联邦体育赛事、国家体育赛事、省体育赛事、市区体育赛事、社区体育赛事等</td></tr>
<tr><td rowspan="3">赛事规模</td><td>超大型综合赛事</td><td>奥运会、亚运会、英联邦运动会等</td></tr>
<tr><td>大型综合运动会</td><td>全国运动会、全国大学生运动会、全国城市运动会等</td></tr>
<tr><td>单项国际体育赛事</td><td>世界锦标赛、世界杯赛、世界冠军赛、洲际锦标赛、洲际冠军赛等</td></tr>
<tr><td rowspan="2">计分性质</td><td colspan="2">个人赛事、团体赛事、个人和团体赛事</td></tr>
<tr><td colspan="2">不同训练水平、不同体重分级赛事</td></tr>
<tr><td>赛事任务</td><td colspan="2">运动会、单项锦标赛、邀请赛、友谊赛、对抗赛、循环赛、等级赛、测验赛、选拔赛、及格赛、表演赛、通讯赛等</td></tr>
<tr><td>赛事内容</td><td colspan="2">田径、足球、游泳、拳击、赛马、武术、围棋、滑雪、自行车、马拉松等</td></tr>
<tr><td rowspan="2">参赛对象</td><td colspan="2">职业体育赛事和业余体育赛事</td></tr>
<tr><td colspan="2">男子组、女子组、儿童组、少年组、青年组、中老年组等</td></tr>
<tr><td rowspan="2">消费群体</td><td colspan="2">观赏型体育赛事</td></tr>
<tr><td colspan="2">参与型体育赛事</td></tr>
<tr><td>电子竞技</td><td colspan="2">电子游戏总决赛、联赛、邀请赛、挑战赛等</td></tr>
</table>

三、体育赛事直播

如今，广播、电视、网络、手机等多种媒体促进了体育赛事的传播。发挥互联网直观、快速，表现形式好、内容丰富、交互性强、呈现效果好等优势，体育赛事更多采用现场直播的传播方式进行背景介绍、方案测评、网上调查、场景展示、演播室对话访谈、对观众在线培训等，可分为以音频为主的直播和以视频为主的直播两类。

体育赛事直播给观众更自由的选择空间，可以选择自己所需要的直播线路，如现场直播、演播室访谈式直播、文字图片直播、视音频直播等。同时，观众有更好的主动操作性，即使现场直播结束了，观众也可以随时选择重播或点播，延长了直播的时间和空间，继续增加了直播内容的价值。

第二节　解说员直播口语

一、体育解说的定义

《英国体育大百科全书》对体育解说的定义是在现场直播的体育赛事中提供语言描述，并在赛事结束后进行深入分析和探讨的行为。在《体育解说教程》中，魏伟教授认为，“体育解说是通过某种特定语言对竞技运动、身体锻炼和体育游戏等一切与体育相关的活动进行描述和叙述，可能兼备预测、评论和烘托等功能的一种体育播音形式”[①]。

① 魏伟.体育解说教程［M］.北京：人民体育出版社，2012：48.

体育解说是对体育赛事进行解说、评论和介绍等语言的再创造。说到我国体育解说，不得不提下面两位前辈解说员。

张之老师是中国体育解说员的“开山鼻祖”。1950年，上海人民广播电台转播在上海卢湾体育馆举办的苏联对中国男子篮球友谊赛，播音员张之老师和电影演员陈述老师搭档进行赛事解说。在场景式描述的解说中，陈述老师负责描绘场上的气氛，张之老师则运用评书语言，把突破上篮说成“单枪匹马杀入重围”，勾手上篮是“回头望月”，将比分的焦灼形容成“犬牙交错”。这场体育赛事的解说成为“新中国体育解说事业”的开端，张之老师则成为中国体育解说第一人。

1995年，宋世雄老师被美国体育广播者协会评为国际广播电视体育节目最佳主持人，这是第一位也是目前为止唯一获此殊荣的中国人。美国奥林匹克运动委员会主席曾这样评价宋世雄老师——他是中国人民的眼和耳，是世界上最受人尊敬的体育节目主持人之一，这个奖项是对他几十年体育解说工作的一个总结，也是对他严谨求实工作态度的一种肯定。

如今，体育解说员的队伍不断壮大。有传统的广播电视资深体育解说员，还有进一步扩大专业性与知名度的明星解说员。此外，不少新媒体培养了专业体育解说员。这些专职的新媒体解说员经过磨炼正在逐渐去边缘化。另外，播客体育赛事传播目前还处在初期阶段。由于版权原因，大型体育赛事还无法在播客直接转播，但其上传与下载的通畅与简便，使得每个人都有可能成为播客世界里的“体育解说员”。

二、体育解说的类型

以媒介为划分标准，体育解说的分类如表4-2所示。

表 4-2　体育解说的类型

<table>
<tr><th>大类</th><th colspan="2">小类</th></tr>
<tr><td rowspan="2">广播电视体育解说</td><td>广播体育解说</td><td></td></tr>
<tr><td>电视体育解说</td><td></td></tr>
<tr><td rowspan="4">新媒体体育解说</td><td rowspan="2">网络体育解说</td><td>专业</td></tr>
<tr><td>非专业（博客）</td></tr>
<tr><td>手机体育解说</td><td></td></tr>
<tr><td>其他新媒体</td><td></td></tr>
</table>

由手机网络运营商提供的手机体育赛事转播正高速发展，其中有相当部分的转播是由专业广播体育解说员提供解说的。如果再细分，网络体育解说还涵盖专业网站的体育解说、播客体育解说等。

三、体育解说的内容

体育解说的核心部分是解说员和解说顾问在比赛中的解说过程，即体育解说实践。体育解说应该是不同的运动项目对应相应的解说内容，因为不同体育运动比赛项目的内容、规则、要求、技术含量等截然不同。从共性角度看，解说的核心价值是阐释说明部分，所以有学者从解说语义的内容方面将体育解说分为场景设置、身份认同和评论。也有学者从解说话语的内容方面将体育解说分为阐释说明、预测评论和背景介绍。两种体育解说分类方式大同小异。

（一）阐释说明

阐释说明是传统体育解说的基础部分，是对现场画面进行必要的解释和补充。比如，在比赛开始、局与局之间、上下半场之间和比赛结束后等时段，一般都要对比赛性质、对阵运动员和即时比分进行比较详尽的解释说明。

广播体育解说的信息应该比较详尽，而电视、网络体育解说的话语应该更为精炼、简洁，在叙述时机的把握上也更为考究。美国体育解说员雷·斯科特认为，体育解说“少言多益”，这一理论被称为“斯科特法则”。中国第一代体育解说员张之老师提出，“电视体育解说要简明扼要，去掉广播中的动作描绘部分，适当增加带有评论性的讲解”。当视觉和听觉信息同时呈现时，观众的第一反应是先接收视觉信息，再接收听觉信息。因此，画面永远是第一位的。当画面无法为观众传递更直观的信息时，体育解说才成为观众的需求；如果画面语言有足够的说服力，那么解说员可以保持一定时间内的无话语状态，如同中国美术中的“留白”。解说员应当根据画面有选择性地进行解说，如果不择时机，或者与画面关联度不高，是会破坏视觉直播声画结合的美感，招致受众的反感[①]。只有解说员的解说可以对画面起到补充阐释和说明的作用时，才会以简洁的语言加以描述和解释。在体育解说中的一些基本要素也需要保持，即体育解说员应在比赛开始、半场和结束时，以及譬如得分和重大判罚等比赛拐点时，不断重复说明即时比分和时间。

（二）预测评论

因为解说员直接面对的是比赛和参与比赛的运动员、教练员，而不是观众，容易忽略观众的需求，所以体育解说的预测评论更应当树立观众需求优先的意识。

在广播体育解说中，解说员是占主导地位的。在电视、网络等体育解说中，尤其在预测评论时，解说顾问居于核心位置。好的体育解说员清楚地了解观众的需求，他们能够为解说顾问的预测评论提供足够广阔的表演空间。

当然，解说员也需要对比赛加以适当的评论，评论的目的是保持观众

① 王哲.论电视体育解说［M］.天津：天津社会科学院出版社，2018：37.

健康观赛的心情，引导观众树立正确的价值观。解说员评论比赛中的运动员和赛事，传达积极的态度和情感，使观众不仅被直观的比赛场面所折服，更被引导形成正确的舆论[①]。如果解说员与解说顾问两人能取长补短，会产生更好的效果。此外，解说员在解说的过程中，可以与解说顾问在平等交流的语境下，通过对话的方式体现主观意识的预测和评论。

（三）背景介绍

从传播学的视角来看，体育解说员的中介效应是比较明显的。体育解说员描述赛事、介绍规则、宣读成绩，使观众与体育赛事紧密相连。其中，体育解说中的背景介绍具有相当实际的意义。

背景资料包括比赛规则、运动员信息、教练及裁判信息、赛场信息以及各种能够支撑某种观点或满足观众愉悦需求的信息。背景资料的介绍要求解说员在赛前做大量的准备工作，比如要整理大量的体育新闻报刊，到训练驻地观看运动员的训练等。

1984年洛杉矶夏季奥运会是中国第一次组团参加的奥运会，也是国内第一次转播奥运会。当时没有计算机和互联网，解说员依靠报纸上的信息来梳理运动员的资料。当时负责解说的宋世雄老师为了准备背景信息，硬是装了满满好几箱报纸剪贴本运到演播室。他还专门带了一本世界地图，用于搜集各个参赛国家的具体情况。宋世雄老师认为，“解说员研究的资料越充分，掌握的背景越广阔，懂得的知识越丰富，那么，对转播解说就越有帮助，因而对广大听众观众也越有教益[②]”。

体育解说中的背景介绍主要包括以下内容。

---

① 王哲.论电视体育解说［M］.天津：天津社会科学院出版社，2018：24.

② 宋世雄.宋世雄自述：我的体育世界与荧屏春秋［M］.北京：作家出版社，1997：313.

1. 介绍人文背景

人文背景是指与赛事相关的文化、历史地理、艺术等方面，介绍人文背景可以帮助观众更准确地把握赛事转播中的人文氛围。

2. 介绍人物背景

人物背景是指运动员的身体条件、训练和比赛经历、业余爱好和特长等要素。

3. 介绍技术背景

技术背景是指比赛中可能或已经发生的技术战术特点和专项术语，便于观众对比赛本质的把握更趋深入。

4. 介绍因果背景

因果背景是指赛场上某些特定现象的原因，使观众对某些非正常的现象不再疑惑。

手机短信平台和网站互动区的运用使观众随时都能对于比赛提出问题，而解说员在收到观众的提问后，可以及时对解说内容进行调整，大大增强体育解说员与观众之间的互动。

四、体育解说的特点

体育解说是在体育比赛中通过语言进行实时解说和评论的活动，具有以下特点。

实时性：体育解说需要与比赛同步进行，因此要求解说员能够实时观察比赛情况并迅速进行解说。解说员需要对比赛进行快速的观察和分析，以便向观众传递最新的比赛动态。

描述性：良好的描述能力是解说员需要具备的基础能力。特别是广播解说员要能够准确地描述比赛中发生的情况、运动员的动作和后续事件发展。解说员需要用恰当的词汇和表达方式传达比赛紧张、激烈或精彩的瞬间，帮助观众更好地感受比赛的氛围。

评论性：解说员需要观察比赛的战术变化、球员表现等，并给出专业的解读和观点，帮助观众更好地理解比赛背后的内容。

情感性：解说员在解说过程中需要传递自己对比赛的情感和评论。可以通过改变语气、音调、节奏等方式表达激动、兴奋、失望或赞赏等情感，以增强观众的参与感和情感共鸣。

多样性：解说员需要根据不同的观众群体调整自己的解说风格和语言。可以根据观众的喜好和需求，使用不同的方式进行解说，以吸引和保持观众的兴趣。

通俗性：体育赛事具有专业性，特别是专业术语需要解说员为观众进行讲解。解说员需要对所解说的体育项目具有广泛的知识储备和深度的理解，对于不同体育项目的规则、战术、技术、规则、要点等专业知识，可以将其转化为观众易于理解的内容。

20世纪90年代，我国电视体育在频道专业化的道路上越行越宽，先后成立了足球频道、篮球频道、网球频道、高尔夫频道、赛车频道和围棋频道等，观众小众化和精英化的特点也益发显著。可以预见，随着观众需求的不断提高，体育解说将会是一项更加专业、更具特点的学科。

五、体育解说的审美

如果说完美的体育竞技表演是美的艺术，那么体育解说还不能单一归属为锦上添花，其本身就是一种语言艺术。

体育解说审美的范畴较大，下面以2022年北京冬奥会的解说为例进行分析。

2022年北京冬奥会的解说词凸显了中国诗风的优美，解说员们精湛的专业知识与飞扬的文采让观众享受了一场场视听盛宴。解说员们有着深厚的中国文学底蕴，解说时出口成章、舌灿莲花、妙语连珠、引经据典，让人荡气回肠，百听不厌！解说员们不断提高和升华追求美的境界，充满激情和创意。“花非花，雾非雾”，此时解说的仅仅是体育新闻赛事吗？哪有这么简单，充满诗意的解说让观众感受到体育精神、比赛追求、人生意义，令观众心潮澎湃，热泪盈眶。中国文化太博大精深，解说语言的“隐”与“秀”彰显了中国艺术魅力！

第三节　解说员直播口语实训

一、案例解读

体育赛事的不同性质决定了解说员需要具有不同的语言艺术表现力。从宏观角度上，解说员可以通过调整语速的快与慢开展解说，比如对抗激烈的拳击、剑术等“快”解说艺术；静谧优雅的围棋、艺术体操等“慢”解说艺术。不同的体育赛事需要解说员为观众提供截然不同的解说风格，让观众感受不同的艺术美感。

（一）“快”解说艺术

例1　1981年11月，宋世雄老师解说第三届世界排球锦标赛的片段如下。

中央人民广播电台、中央电视台，各位观众、各位听众，台湾同胞们，港澳同胞们，海外侨胞们，现在我们是在日本东京代代木体育场向您做现场直播第三届世界排球锦标赛中国女子排球队和日本女子排球队比赛的实况。陈亚琼把球托起，孙晋芳把球传给郎平。郎平腾空跳跃，她打了个超手球，打手出界，中国队夺回发球权……14∶15……10号陈亚琼发球，日本队后排把球打到网前……8号广濑扣球……中国队拦网……得分是17∶15！中国队胜利啦！……队员们都跑到一起，拥抱……中国队以3∶2战胜了日本队。中国女排的姑娘们打出了风格、打出了水平，她们奋勇拼搏，为祖国争得了荣誉，祖国感谢你们，人民感谢你们。各位观众，第三届世界排球锦标赛中国女子排球队和日本女子排球队比赛的实况就为大家转播到这里，是由宋世雄解说的，感谢大家的收看，各位听众，各位观众，再见！

在语速方面，有数据显示，这次比赛解说中，宋世雄老师解说最快时一分钟达到了450字。用他自己的话说："也是我自己解说风格得以成型的一次关键比赛。"

在评论方面，宋世雄老师认为，体育评论是一种对思想状况、文化素质、专业知识的综合考验，专业的职业解说员应该将感情投射到运动员身上，饱含对中国体育的热爱，为中国体育加油。宋世雄老师说过，"体育比赛很无情、很残酷，运动员奋斗一生就等着这个时机，每场比赛也都会联系到国家荣誉和民族感情，所以解说员的话术一定要到位，说出的每一句话都能影响很多观众"。

在解说激情方面，宋世雄老师在回答《北京青年报》记者关于他解说女排比赛很有激情，这是不是一种工作的技巧的问题时，是这样说的：除了有工作的技巧，更主要是有感而发。他搜集大量的资料，亲自到现场看队员的训练。他看到姑娘们扛着130公斤的杠铃负重训练，有的队员做完手术就上场，等等。在宋世雄老师激情解说的表象下，蕴含的是对女排精神的解读，对国家荣誉的珍重，对解说事业的热爱。宋世雄老师在谈到他的艺术追求时表达了这样的观点："一个体育转播员首先要做到的是，全身心地投入，精神高度振奋，情绪非常饱满，这样才能和比赛场上激烈的运动相协调。"

例2　北京2022年冬奥会，速度滑冰男子500米，中国选手高亭宇上打破奥运纪录的同时也赢得了中国历史上首枚冬奥会男子速度滑冰金牌，表4-3是这场比赛的时间与解说内容呈现表。

表 4-3　时间与解说内容呈现表

时间	内容	备注
34 秒 32	解说员男：出发 解说员女：非常稳，高亭宇 解说员男：看！看！ 解说员女：节奏，节奏非常好 解说员男：他起跑是明显比（达米安如雷克）快 解说员女：太快了！看一下他的起跑—— 解说员男：今天准备非常充分 解说员女：9 秒 42，太快了，而且我觉得内道出发是特别利于他的这个滑行。我们看一看他的外道的这个小弯道冲回来—— 解说员男：马上进入最后一圈弯道 解说员女：注意节奏，注意节奏！最后一个极限，冲刺、冲刺！高亭宇冲、冲、冲、冲！ 解说员男：马上要到终点了。怎么样！ 解说员女：哇—— （齐声说：34 秒 32，已经冲破了奥运纪录……）	时长：34 秒 32 字数：645 字

例3　2008年8月17日，北京奥运会赛艇女子四人双桨决赛中，中国获得一枚金牌。从1984年到2008年的24年间，中国队在该项目上从未拿到过一枚奖牌。此次奥运会，中国队派出了4朵金花参战，她们分别是唐宾、金紫薇、奚爱华和张杨杨。4位姑娘面对的最大竞争对手是该项目的霸主英国队。对于英国队来讲，这次比赛的冠军她们势在必得。而中国队的4位姑娘则是人们最不看好的选手。在距离终点500米时，比赛进入最紧张刺激的阶段，中国队实现了逆转。

加桨了，桨频，中国姑娘的桨频起来了。再往前冲，超过了！还有最后的200米。唐宾拉起船头，速度再狠一点，前把发力，就剩最后的50米啦！中国姑娘加油！最后50米我们领先，我们还领先最后两桨，冲啊！赢了，中国姑娘赢了！

这段充满速度和力量，由鼓励到兴奋再到激动得破了音的解说，让观众心跳加速热血沸腾。解说员已经和比赛融为一体，和运动员同呼吸共命运，从解说员的声音、语气中，观众可以感受到运动员快速冲刺的节奏。

例4　2023年在悉尼举行的女篮亚洲杯比赛中，日本女篮一路势如破竹，4场比赛至少赢下对手25分，场均胜35分。而中国队想重返亚洲之巅的宝座，就需要击败日本女篮这个级别的强队。最终在7月2日的决赛中，中国女篮以73 : 71逆转局势，击败了日本女篮。

以下是整场比赛最激动人心的1分37秒的解说。

解说员A：中国队还是得注意失误啊。

解说员B：日本队对于球的这个拼抢呢，他们的强度又加大了。仿佛又来到了第一节比赛那会儿。

解说员A：唉，日本队也出现了——

解说员B：刚才也是日本队在本届第4次犯规。……

（日本队进攻未进球。中国队抢篮板成功。）

解说员B：后场篮板球，韩旭拿下来。

解说员A：注意节奏。日本队犯规。

解说员B：是的。

（中国队罚点球。）

解说员B： 一发命中。

解说员A： 场下的队员特别地激动，也很紧张。

解说员B： 两罚中一。进攻篮板。

解说员A： 对，控制住。日本队的主教练也是第一次失去笑容。

（中国队再次罚点球。）

解说员A： 好球。罗欣棫也是不断地控制住（球）。

解说员B： 世界杯的时候，最后也是由王思雨进行罚球。这样的话，71比……的球队都是拿到自己的两双成绩，26分，10个篮板球，并且还有两次的封盖。

解说员A： 日本队的前场球。一定要防住三分。高田真希，中距离，篮板球。

（中国队员倒地。）

解说员A： 这个应该是李缘，两个中路就得撞到一起了。

解说员B： 是的。张茹和李缘在篮下对于篮板球的争抢。

解说员A： 但即使是这样，我觉得也是说明了这个中国队对这个篮板球的保护是非常——

解说员B： 没错。底线球，给到高田真希，2分打进。

解说员A： 还有6秒走，注意——

解说员B： 最后6秒钟我们一起来看。给到李梦。

解说员A： 最高裁定犯规的是直接犯规，是最关键的时刻。

解说员B：中国队啊，犯在李梦的身上，李梦在今天的这个罚球50%的一个命中率的。

（中国队有一次罚点球。）

解说员合：好球！

解说员B：这声太好听了。

解说员A：这一个球基本锁定了胜高低。

解说员B：没错。两罚并中。

（日本队抢投三分，时间到。）

解说员B：这样的话，让我们一起来高呼：恭喜中国女篮重返亚洲之巅。时隔12年再次拿到亚洲杯的冠军。

解说员A：祝贺姑娘们！

这是自2011年中国女篮等待12年后再度捧起亚洲杯冠军奖杯。颁奖仪式上，现场众多中国球迷高唱《义勇军进行曲》，悉尼奥林匹克公园体育中心仿佛成为中国队的主场。

回顾历史了解中国女篮与日本女篮的一些基本情况，可以说两队一直以来都是老对手。从2011年之后，中国女篮无缘亚洲冠军已经十余年，而日本女篮实现了五连冠。12年来，中国女篮也有在亚运会和世界杯赛场上赢下日本队的经历，但就是在亚洲杯赛场上多次止步于同一个对手。所以，这场胜利来之不易。

有学者认为，观众会把自己的身份认同通过某个运动队与整个国家的身份形象挂钩，一旦比赛赢了，观众就会觉得这不只是个人的胜利。可见，解说员解说的不仅是体育，更是在讲述国家，构建民族认同，强化我们的国家身份形象。

（二）“慢”解说艺术

在心理学层面上，观众在单位时间内的信息接受量是有一定限度的。一旦过量，就会造成信息接受质量的下降，加剧观众的疲劳程度，导致传播效果降低。

比赛项目的性质决定了直播中观众应该享有充分的反馈时间。例如，花样滑冰、花样游泳和艺术体操的全过程，射击、射箭比赛中运动员击发之前等，观众都需要时间和情绪享受相对静音的状态。此时，解说员一旦展开解说，便破坏了比赛的美感。所以，当艺术性较强的体育项目在音乐声响起后，解说员可以适当停止解说话语。到比赛完成后，图像中会出现慢镜头和即时回放镜头，此时解说员和解说顾问才会逐一分解和评论动作的完成情况。

例1　2022年北京冬奥会上，花样滑冰混合组双人滑自由滑项目，中国队隋文静、韩聪获得冠军，表4-4是这场比赛的时间与解说内容呈现表。

表4-4　时间与解说内容呈现表

时间	内容	备注
25秒	音乐	共计：4分46秒 共计：5句话，40个字
2秒	解说：连转托举四周	
21秒	音乐	
4秒	解说：点冰鲁普三周、两周，再接两周的连跳	
70秒	音乐	
3秒	解说：萨霍夫三周	
37秒	音乐	
2秒	解说：抛跳，菲利普三周	

续表

时间	内容	备注
33 秒	音乐	
2 秒	解说：抛跳，萨霍夫三周	
46 秒	音乐	

这类比赛中更多背景介绍、评论的解说是在比赛开始之前和之后进行的。而在比赛的进行中，解说员只解说几句专业术语，留给观众更大空间和时间欣赏运动之美。

例2　中央广播电视总台央视频《多角度看赛场》栏目直播第22届农心杯世界团体围棋锦标赛决赛。在漫长的3个小时的比赛中，解说员既要留给观众足够的思考、欣赏的时间，又要显得比赛时间不拖沓，不让观众产生疲倦感。我们来看看解说员是怎样进行解说的。

解说员女：各位群友大家好，欢迎收看央视频的《多角度看赛场》，我是范蔚菁，今天为您带来的是第22届农心杯世界团体围棋锦标赛第10轮的比赛。很高兴能够和胡耀宇胡哥一起为大家讲解，胡哥你好。

解说员男：蔚菁你好啊，大家好。

解说员女：嗯，那么现在比赛已经到达了白热化程度了啊，这是农心杯的第三阶段，也就是决战阶段到来了。然后我印象中好像好久没有出现过，就是3个队，都只剩两位战将，这是非常少见的情况。

解说员男：是的，近几年都很少出现的一个局面。

解说员女：可见这个比赛现在是非常非常地激烈，嗯，那今天我们不光有精彩的比赛，还为大家准备了这个精心挑选的这个礼品。

（奖品介绍、游戏互动规则。）

解说员女：好，那这盘棋呢，是井山裕太的黑棋，那本次比赛呢，是采用了韩国规则，贴六目半。这个相对来说，这个决议给出的这个胜率是差不多的，会比这个贴七目半的大天幕会好很多。

解说员男：对决议来说，一目之差就会有一些差别，在胜率上面，现在就按照六目半的来。应该是没问题了。

解说员女：嗯，那我们刚才也看到了这两个棋手也下了好几步棋，因为这个比赛呢，是每方一小时，然后60秒一次读秒，所以算是一个中快棋吧。

解说员男：嗯，差不多。其实也算比较快，但肯定比那个直接读秒要好一些，一个小时其实过得还是挺快的。

解说员女：是的，所以一般像这种比赛是不是两位棋手肯定是赛前要做一些准备，尤其是布局上面，对，那我们来看一下啊。

解说员男：今天布局是什么情况，我们来看一下。

（屏幕上出现双方对手走棋变化。解说同步。）

解说员女：第一步。

解说员男：然后呢，第二步，两个三三。

解说员女：两个三三。

解说员男：这个是很少见的。

解说员女：出其不意啊。

解说员男：我觉得井山裕太选择这个下法，其实有点针对申真谞的。因为申真谞大家也是知道了，他是这个号称人工智能，就是AI的招法，在布局上方圆百里，他这个啊基本上能够背下来。

解说员女：尽在掌握。

解说员男：现在就是一般来说，因为在这个三三下的比较少见啊，尤其是这个实战中，所以我觉得井山裕太这么下肯定是，尽量让申真谞不要下到已经对这个布局了如指掌。三三比较少一点，申真谞见得比较少。我记得前不久那个英士杯上，我们年轻棋手赵晨宇跟申真谞下手也是用了三三，当时就取得了一个特别好的效果。嗯，所以我想井山裕太这次应该是有针对性的。

解说员女：啊，有备而来。

在漫长的3小时直播观赛中，解说员除了对主体内容围棋赛事的解说，还设计了穿插其中的游戏互动，奖励观众与围棋相关的奖品，奖品是围棋相关的书籍。对奖品进行介绍，对围棋顾问参赛感受的采访等，都是解说员可以拓展的解说内容。

二、实训内容

（一）引导语境实训

例1　2022年北京冬奥会开幕式解说词节选如下。

梁毅苗：这里是北京奥林匹克中心区，今夜的奥林匹克中心区流光溢彩。马上北京冬奥会的开幕式就将在国家体育场鸟巢拉开帷幕。

沙桐：世界期待中国，中国做好了准备，我们即将兑现承诺向全世界呈现一届简约、安全、精彩的奥运盛会。

梁毅苗：今晚在国家体育场鸟巢，我们将用一场开幕盛典迎接全世界的朋友们，用我们的热情迎接来自全世界的有着共同的奥林匹克梦想的人们。

沙桐：北京冬奥会的主题口号是“一起向未来”，这是中国向全世界发出的携手共创未来的新时代之音。

梁毅苗：因为奥林匹克我们相聚在一起，在北京，在五环旗下，我们更团结，我们共同铸就更美好的未来，我们一起向未来。

沙桐：国家主席习近平和来华出席开幕式的外国元首、政府首脑、王室成员和国际组织负责人一起进入会场。

沙桐：办好北京冬奥会、冬残奥会是我们向国际社会作出的庄严承诺。

梁毅苗：成功举办北京冬奥会、冬残奥会将增强我们实现中华民族伟大复兴的信心，见证我们致力于推动构建人类命运共同体，展示新时代中国阳光、富强、开放的良好形象。

沙桐：从2008年的“同一个世界，同一个梦想”到2022年的“一起向未来”，中国积极参与奥林匹克运动，坚持不懈弘扬奥林匹克精神，是奥林匹克理想的坚定追求者、行动派。世界期待中国，中国做好了准备。

梁毅苗：我们振奋精神，共同努力，让全世界人民在冬奥会上相知相通，让春天般的温暖就从北京开始。北京冬奥会开幕式倒计时就要开始，让我们一起迎接。

沙桐：中国的24个节气串起了倒计时，每一个节气都配合一句经典诗词。

梁毅苗：画面中，祖国各地的美丽风情和冰雪健儿奋力拼搏的场景交相辉映。属于中国的、属于冰雪的、属于奥林匹克的盛典即将开启。

沙桐：倒计时节奏加快。

梁毅苗：倒计时归零，北京冬奥会的开幕式正式开始。

例2　2022年北京冬奥会闭幕式解说词中结束语部分如下。

沙桐： 雪花飞起，从指尖，从窗外，从冰墩墩不舍的眼神中。在北京大家相聚在五环旗下，平等、友谊和交流是赛场内外的主题。17天的时间总是太短，世界人民的友谊永恒绵长。

梁毅苗： 为全世界的运动员创造最好最方便最舒适的参赛环境，打造一届最精彩的冬奥盛会，作为东道主我们拿出了我们的最好。在北京各国参赛人员充分感受到了中国人民的热情好客和文明礼貌，感受到了春天般的温暖。

沙桐： 客人离去，告别的时刻就要来到了。现在场地内星星开始汇聚，所有代表它的旗帜围绕在场地内。不断汇聚的星星最终汇聚成了一个五环，这一幕似曾相识。这是2008年北京夏季奥运会开幕式上惊艳亮相的梦幻五环。

梁毅苗： 2008年北京夏季奥运会主题歌《我和你》响起，梦幻五环缓缓升起。

沙桐： 雪花火炬台开始缓缓降下，梦幻五环继续上升。雪花火炬台与梦幻五环交汇，在这一刻，时空交错。

梁毅苗： 从2008到2022，北京成为世界上第一个双奥之城，从2022回首2008，中国牢记奥林匹克运动初心不曾变，弘扬奥林匹克运动精神不会变，践行奥林匹克运动宗旨永不变。

沙桐： 梦幻五环高悬在场内，现场音乐也变成了本届冬奥会开闭幕式的主题歌《雪花》。

梁毅苗： 所有代表团的旗帜围绕在场地中央，在童声合唱《雪花》中，北京冬奥会之火缓缓熄灭。

沙桐： 在漫天的烟花中，我们留下了专属于北京的双奥记忆。

梁毅苗： 世界大同，天下一家。北京冬奥会实现简约、安全、精彩的办会承诺已经载入史册。

沙桐： 友谊地久天长，场内气氛依旧热烈。在开幕式的时候我们相聚，共同汇成一朵大雪花，共同汇成主火炬台，共同围绕在北京冬奥之火周围。

梁毅苗：当告别的时刻到来的时候，这永恒的微火伴随着雪花飘散开来，伴随着绽放的烟花，伴随着《友谊地久天长》的歌声将奥林匹克精神和中国人民的友谊送到世界各个角落。

沙桐：北京冬奥会的闭幕式直播就到这里，感谢收看。北京冬残奥会我们再见。

梁毅苗：再见。

◎ 训练提示

作为体育宣传机构的“喉舌”，体育解说员拥有着话语意识形态的掌控权。在解说过程中，解说员拥有话语语境的优先权，不仅要带给观众美的享受，更要引导观众，让体育精神深入人心，营造出世界需要和平、各民族应当和谐相处的境界。使用上面的示例进行训练时要注意掌握话语的意识形态，重点词、句要突出，情感基调要准确。

（二）介绍信息实训

例1　2023年世界女排联赛，保加利亚女排对阵韩国女排的比赛解说词如下。

中央广播电视总台、中央广播电视总台，各位观众，欢迎您跟随我们的转播画面一起来到位于杭州水源市体育馆的现场。一起来关注2023年世界女排联赛韩国水源站的赛事，保加利亚女排迎战韩国女排，双方的一局比赛正式打响，首先发球的是保加利亚女排。今天在场上身着红色球衣的是保加利亚的，另一队呢，则是身着灰色球衣。在前两站的8场比赛过后呢，保加利亚队这边是取得1胜7负的战绩，排在16支球队的第15位，他们的第1站是位于日本的名古屋站，1胜3负。走起。

例2　2023年钻石联赛（奥斯陆站）男子200米决赛的解说词如下。

好的，接下来我们来关注一下奥斯陆站的男子200米飞人大战。来看一下这是第8道的法国选手法尔。第7道来自加拿大的名将德格拉赛，个人最好成绩是19秒62，该单项历史第九，而且拿到了东京奥运会该单项的冠军，本赛季的状态可能还没有达到一个最理想化的阶段，但是他还在找寻自己的最好的感觉。第6道来自古巴的选手梅纳，本赛季跑出过19秒95的表现，打开了20秒。第5道，美国选手奈顿是排名第二，本赛季最好成绩19秒89，在俄勒冈世锦赛上也站上了领奖台。第4道的是利比里亚选手凡布尔，个人最好成绩是19秒83，本赛季还没有打开过20秒。第3道的，这是来自多米尼加的选手奥甘多，也是世界名将。第2道的是来自南非的亚当斯，最内道是来自德国的选手哈特曼。

例3　2023年皮划艇世界杯捷克站的比赛，女子滑雪激流回旋的半决赛的解说词如下。

中央广播电视总台，观众朋友们，您好，欢迎您收看我们为您带来的2023年皮划艇世界杯捷克站的比赛。接下来我们来关注女子滑雪激流回旋的半决赛。在这场半决赛的初赛名单当中，我们也是看到了很多位世界级的名将，这其中就包括世界排名第一的澳大利亚名将杰西卡福克斯。现在正在进行比赛的是来自安道尔的选手，今年23岁的莫妮卡多里亚比拉鲁维亚。在第1站德国站的比赛当中，她在该项目当中是拿到了第17名。成绩并没有那么理想，来看看本站比赛她能不能找回自己最佳的竞技状态。当中我们看到的就是每一个旗门啊，标记为绿色的，它就是顺水门，红色的就是逆水门，现在比拉鲁维亚是刚刚经过了一个逆水门啊，通常来说呢，就是在比赛的赛道当中，逆水门的处理会很考验运动员的实力，在这条赛道当中啊，15号、14号这两个门都是逆水门。刚刚经过了19号门啊，这同样是一个红色的逆水门，19号门呢，也是整条赛道最后的一个逆水门，它从20号门一直到24号门。这都是顺水门，而且整条赛道的后半部分啊，对于运动员来说是更有利于他们去冲刺。

◎ 训练提示

解说词要求达到新闻规范。解说体育赛事必要的新闻要素，凸显赛事的新闻价值，如什么时间，什么地点，参赛人员的姓名、国家或地区、成绩，当前赛事进展等。

（三）讲解技术实训

例1　2023年皮划艇世界杯捷克站的比赛，女子激流回旋半决赛的解说词如下。

那在激流回旋的比赛当中，无论是皮艇还是划艇，只要运动员在通过的过程当中，身体或者是划桨，甚至船体碰到栏杆的话，那他们就会被罚时两秒钟。如果不慎错过了一个水门，那就会被罚时50秒，那在比赛的过程当中，只要是错过了一个旗门，这就是重大的失误了啊，但选手仍旧是可以继续比赛的，只不过在时间方面呢，就已经是没有什么竞争力了。我们看到，在通过六号逆水门的过程当中，普里乌应该是碰到了标杆啊，但还需要录像审议才能确定。

例2 足球越位新规直抵体坛沸点，解说词如下。

昨天，足球界爆出了一个足以改变这项运动的大新闻，现代足球最基本的一项规则——越位，它要变了。国际足联宣布，未来，也许只有当进攻球员的整体越过倒数第二名防守球员的时候，才会被判定为越位。这一规则呢，最初是由前阿森纳主帅温格提出的，他希望鼓励进攻。按照计划呢，新规则将会在一些欧洲的小联赛试运行之后可能会全球推广。

我知道每届世界杯都会有成千上万的男士给自己的女友讲一个规则，它就是越位。似乎什么是越位已经成了真球迷和伪球迷在不同次元里的一条虚拟线。有意思的是越位本身呢，就是这样一个和划线相关的规则。围绕足球的争议与传说，也有一大半儿和越位相关，咱们就先来想一想，什么是现行的国际足联规则里的越位。所谓的越位呢，就是指进攻方传球球员起脚的瞬间，接球的球员站在比倒数第二名防守球员更接近门线的位置，并试图借此位置准备进攻。这里面呢，就有几个要画重点的地方，首先处于越位位置，它不是越位。比如说一个前锋比对方整条后防线都要更靠近球门，这不是越位，只有在他接球时处于越位位置，那才是越位。其次呢，所谓距离球门更近，还要看部位，这就是所谓的划线技术啊，VR啊，最新的半自动越位技术出现之后，我们常常看到的“体毛越位”，因为现行的规则里面，你所有触球可能得分的部位都算，包括但不限于头、肩、胸、脚。

就在前两天，国安打上海海港就有这么一个争议球。第36分钟，海港全线压上。国安队一次简单的后场长传打到对方禁区内，将向右打门被门将封挡，阿黛米头球补射破门。不过呢，主裁判马宁在VR的提示下判罚国安队球员越位在先，进球无效。这个球我们放大再放大，感觉像是越了，又像是没越。攻守双方的球员几乎就在一条线上，再比如去年的卡塔尔世界杯，沙特队与后来的冠军阿根廷队的较量当中，用鬼斧神工的造越位技术赢得了比赛的胜利，半自动越位技术几次划线都让球迷甚至让梅西有点儿不服。咱也得承认很多越位真的是毫米级别的。

那么重点来了，新规新在哪儿呢？就是必须攻方球员的整体都越过了倒数第二名防守球员才算越位，也就是说我刚刚举的所有例子都不算越位了。那么这对未来的足球会有什么影响呢？我觉得这个就要讲为什么会有越位这个规则。

最早的越位规则诞生于19世纪末，当时的英格兰足球总会发现啊，这攻防球员都在禁区里等着接球，接到球他们就直接面对守门员了，不得不说，这进攻太容易了，防守太难了。为了让比赛的攻守更为平衡，越位规则应运而生。它的目的呢，就是把攻方的球员逼在防守方球员之后才能接到球，这样就给防守留下了可以操作的空间。换句话说，理论上越位的规则越严，那么对防守方就越有利；越松呢，那么对于进攻方来说就越有利。所以这次越位新规的尝试，也是希望攻方能够压上去，提高比赛的可看性。可以想象，这个规则一出，更有利于那些爆发力强，直接一个箭步窜出去的球员，说得再形象一点儿，就是让德布劳内和哈兰德之间的连线威力更大。但是有没有另外一种可能性，就是防守方会将防区压缩得越来越深，甚至直接就在门口儿“摆大巴”呢，那么比赛的观赏性会不会反而受到了更大的影响呢？哎，我觉得这也很有可能。纸上的沙盘推演很难模拟现实中一项规则对成百上千球员和球队的影响，必须通过真实的比赛来验证一项规则到底它是不是靠谱，所以我们才会看到国际足联要在欧洲的小联赛当中先去实验这样的新规。不管怎么说吧，希望今天我把什么是越位给您讲清楚了，下届世界杯的时候希望你也能当个假行家。

◎ 训练提示

体育赛事的专业性很强，各种规则截然不同。上面是专业术语的讲解，以皮艇或划艇碰杆规则和足球越位的新规为例，解说员首先自己消化理解、记忆专业术语和规则，再转化、翻译成通俗易懂、生动形象的口语。

（四）隐秀[①]解说设计实训

例1　2022年北京冬奥会男单自由滑比赛上，央视评论员评价中国花滑选手的解说词如下。

金博洋，浴火重生！即使是在无边的暗夜里，只要坚信，我生来就是高山而非细流，我欲与群峰之巅俯视平庸的沟壑，我生来就是人杰而非草芥，我站在伟人的肩膀上藐视卑微的懦夫，足以支撑选手，度过人生中一个个至暗时刻，北京冬奥会，金博洋战胜了金博洋！

例2　某解说员评论短道速滑运动员取得傲人成绩的解说词如下。

山不让尘，川不辞盈。云程发轫，万里可期。

这是属于中国短道的力量，不啻微芒，造炬成阳，这样的力量是强大的，这样的力量也一定会伴随他们继续前行。

---

① 隐秀一词出自南朝文学理论学家刘勰所著《文心雕龙》的第四十篇《隐秀》，在此处表达文字雅隽的意思，希望读者在组织直播口语时能注意体现语言之美。

例3　女子自由式滑雪大跳台决赛中，中国运动员凭借三跳完美的发挥实现大逆转，获得中国代表团第三枚金牌，创造了历史！特别是第三跳，完成了一个难度系数最高的动作。央视解说词如下。

玉汝于成，踏雪寻龙！谷爱凌就是今天首钢大跳台的玉蛟龙！

例4　单板滑雪男子大跳台决赛中，中国队选手夺得金牌。央视转播时，主持人感慨道：

苏翊鸣把首钢大跳台变成了他的林海雪原，气冲霄汉！

例5　在速度滑冰男子500米比赛运动员斩获冠军后，解说员难掩内心的激动评价道：

眼有星辰大海，胸有丘壑万千，心有繁花似锦，归来依旧少年！

◎ 训练提示

以上是2022年北京冬奥会中国诗词风解说案例。体育解说在热点新闻体育直播中金句频出，要么纵横上下五千年，气势磅礴；要么充满诗情画意，唯美浪漫。解说句句展示着中国风格、中国气质，彰显出中华文化之美、大国文化自信。

（五）烘托气氛实训

例1　2022年北京冬奥会，花样滑冰混合组双人滑自由滑的赛前介绍如下。

最后登场的就是我们中国队的隋文静、韩聪。隋文静、韩聪两届双人滑世界冠军，平昌冬奥会双人滑银牌获得者，并肩作战十五年，短节目排名第一，自由滑曲目，来自民谣《忧愁河上的金桥》，这是一首主题为朋友之间相互支持的民谣。2016年，隋文静因为脚伤接受了大手术，职业生涯一度面临终结的可能，韩聪不离不弃，鼓励支持，帮助她重返赛场。之后两人在芬兰世锦赛上登顶世界冠军。

例2　运动会入场解说词示例如下。

裁判员代表队

现在走过来的是本次运动会裁判员代表队。这是一支无私奉献的队伍，他们在这次比赛中决心秉承公正、公平的原则，严格评判，展示真正的体育精神——友谊、团结、公平！

彩旗队

现在走向主席台的是彩旗队，60面彩旗迎风飘扬。彩旗飘飘，喜庆而热烈，象征着我校体育工作的勃勃生机。彩旗队员的目光坚定而又自信，步伐矫健而又整齐。

文学院方队

烈日长空着戎装，苍穹之下斗志昂，生如夏花向朝阳，不负韶华斩锋芒，巾帼须眉皆荣光，势如破竹不可挡，目光所及是远方，内师文院世无双！

燃满腔热忱，揽朝阳满怀。无须鼓角争鸣，声势已撼天动地，利刃尚未出鞘，气势已无可匹敌！志存高远者，气当勃发！万众一心者，势定英雄！他们怀着满腔壮志豪情，踏长风，渡沧海，目标是前方的红线，坚定了就不会畏惧，任凭掌声砸落，我自逍遥我的氍毹。

仲春当下，和煦春光，正是挥洒青春时节，信念与理想存在，不为掌声的诠释，不为刻意地征服，翱翔于青色苍穹，飞舞于七彩天虹，运势如虹惊风雨，步履似飞谱华章。相信文学院的同学们必将在运动赛场上披荆斩浪，勇冠三军！

范长江新闻学院方队

看，正迎着朝阳、沐浴着阳光、昂首阔步、意气风发，迎面向我们走来的是范长江新闻学院方队。作为新时代范长江式新闻人，他们坚定秉承“追求真理、追求进步、实事求是、开拓创新”的长江精神，精神抖擞地走上了运动场。

近年来，学院从专业实际出发，着力于传承、弘扬和践行范长江精神，并作为学院建院之本和培养学生成长成才的重要思想引领。学院文化氛围已经形成，教风纯正、学风浓厚，学生的专业实践能力、精神风貌、就业率等得到了极大提高。

“青春献礼二十大，齐步迈向新征程”，正值全国上下庆祝党的二十大胜利召开之际，范长江新闻学院运动健儿把“更快、更高、更强”的奥林匹克运动精神带到了赛场上。让我们期待他们在此次运动会中取得佳绩，在赛场上绽放属于自己的光芒，青春向党，永铸辉煌。

数学与信息科学学院方队

苍穹之下，烈日长空。皓月千里，谁主沉浮？现在向我们走来的是数学与信息科学学院方队。时序轮替中，始终不变的是我们的身姿；历史坐标上，始终清晰的是我们的步伐。李大钊曾言：青年者，人生之主，人生之春，人生之华也。落笔青春，眼前浮现的是我们勠力同心、奋勇争先的背影；热风翻涌，耳畔响起的是我们铿锵有力、掷地有声的呐喊。我们有“锲而不舍，金石可镂”的不懈毅力，我们有“自信人生二百年，会当水击三千里”的豪壮气魄，我们更有“千磨万击还坚劲，任尔东西南北风”的无畏气魄。少年不惧岁月长，彼方尚有荣光在。弱冠之年，加冠之任，已怀雄心壮志，定当不负众望。

物理与电子信息工程学院方队

“格物穷理，知行合一，工程卓越，自强不息。”现在正走来的是物理与电子信息工程学院方队。他们有着别样的风采，高昂的斗志，他们个个神采飞扬，精神抖擞。他们俯下身，拿起笔，丈量物质世界的层次和数量级，他们抬起头，迈开步，在跑道上释放自己的激情和血性。“生如夏花向朝阳，不负韶华斩锋芒。”他们是上下求索的人，风会为其加油，云会为其助兴。坚定，执着，耐力和希望在这延伸的红色跑道上点点凝聚；力量、信念、拼搏与奋斗在遥远的终点渐渐明亮。体育场内，物电学子愿以拼搏夺名次；颁奖台上，把冠军奖牌入囊中。弱冠之年，加冠之任，已怀雄心壮志，物电定当不负众望。

建筑工程方队

听，坚实的脚步声，含着凛凛锐气；看，矫健的身姿，透出飒飒英风！建筑工程学院的健儿们正踏着整齐的步伐迎面向我们走来。他们雄赳赳，昂首阔步，奔向前方，只为不负肩上扛起的责任与希望。昔日懵懂少年郎，今朝展翅欲飞翔。一把把红伞如浮光飞跃，壮势如虹，中国二字表达了对祖国的拳拳之心，爱你中国，以青春之名向祖国献礼，以实际行动迈向新的征程。他们会成五星红旗，凝聚奋进力量，意气风发。请党放心，强国有我！建工学子定做勇敢者，怀抱梦想又脚踏实地，敢想敢为又善作善成。立志做有理想、敢担当、能吃苦、肯奋斗的新时代好青年。加油！建工学子。

化学化工学院方队

看，正向主席台迎面走来的是化学化工学院方队。

近年来，化学化工学院为了提升人才培养质量，适应人才需求新形势，整体布局、多措并举，通过构建“分类别指导、分阶段培养、分模块推进”的“三分式”人才培养体系，打造“多维度、常态化”校内外双导师团队，深化教学、学工与导师团队的协同合作，切实践行“三全育人”理念，助力学生成长成才，形成了“研教结合、团队育人”的办学特色。同学们在“互联网+”“挑战杯”“化工设计”大赛等学科竞赛中连续取得国奖突破。2022届考研再创佳绩，126人考上研究生，占毕业生总人数的41%，其中环境科学专业录取率更是接近50%。已经连续多年被学校评为考研工作“先进单位”。

现在，他们正以整齐的步伐、昂扬的斗志、饱满的精神风貌迎面而来。祝愿他们在本次运动会中取得同样优异的成绩，让我们为运动员们拼搏加油！

外国语学院方队

心有所信，方能行远，矢志奋斗，终有所获。The longest journey begins with the first step.

看，现在迈着整齐的步伐，正昂首阔步迎面走来的是外国语学院方队。他们是一个充满活力、敢于创新的集体，正如一只只展翅飞翔的雏鹰，以壮志凌云、百折不回的意志，顽强拼搏，不断进取。“少年不惧岁月长，彼方尚有荣光在”，愿你们随着光的方向，冲向前方那根红线，冲破自己的极限，加油！运动健儿们！加油！外语人！

政治与公共管理学院方队

现在向我们走来的是政治与公共管理学院方队，他们步履坚实，风华正茂，尽显内师之朝气；他们目光如炬，坚定昂扬，似利刃之新发于硎；他们怀一腔热忱，揽朝阳满怀，纵使烈日长空，仍不挡心中激情。训练的汗水挥洒青春的力量，胜利的愉悦彰显青春的魅力！政管运动健儿们不惧苦累备战田径，一心为集体荣誉争光争彩。青春聚力正当时，扬帆起航在政管。让我们一同期待他们在本次运动会中的精彩表现！政管，加油！

经济与管理学院方队

迎面向我们走来的是创造了校运会乙组团体总分“十三连冠”辉煌战绩的经济与管理学院方队。学院师资雄厚，特色鲜明，深入落实立德树人根本任务，积极践行“三全育人”教育理念，主动融入成渝地区双城经济圈建设。经过十余年的探索发展，学院初步形成了“一二课堂贯通、教学科研互促、学校企业深融”的经管类高素质应用型人才培育特色，毕业生广受用人单位好评。

方阵队员用红伞展示的文字和图案变化，彰显着新时代青年学子的爱党爱国情怀，红心向党、强国有我，立志做有理想、敢担当、能吃苦、肯奋斗的新时代好青年。经管健儿们也将继续秉承顽强拼搏、奋勇争先的团队精神，向着更快、更高、更强、更团结的目标迈进！让我们留一份期待，存一份期盼，共同祝愿他们在本届校运会中再创辉煌！

人工智能学院方队

恰同学少年，风华正茂。迎面而来的是人工智能学院方队，他们步履坚定，精神抖擞。他们在学习生活中致力于智能科技，运动场上也定将神采飞扬，不为鲜花围绕，不为刹那的荣耀，只为心中的信念，只为秉承着永不服输的体育精神而不停地奔跑，用青春与活力，为人工智能学院绘上最亮丽的运动底色。是雄鹰，就该搏击长空，高啸彻云霄；是蛟龙，就该畅游四海，无畏惊涛骇浪。而人工智能学院的运动健儿们，就应在运动场上奋发激昂，只要还存有一丝力气，定要挥一把汗水，洒一腔热血。在荆棘丛中，也决不停止前进的步伐，绝不轻言放弃，赛出成绩，赛出风格，赛出个性！

百舸争流千帆竞，乘风破浪正当时，相信人工智能学院的运动健儿们必将在运动场上意气风发，激情豪迈，让我们拭目以待！

张大千美术学院方队

用美育涵养美丽心灵，用艺术设计美好未来。伴着轻快的音乐、踏着灵动的步伐、身着一抹靓丽的中国红、大踏步向我们走来的是张大千美术学院方队。

拥西林，抱沱江，大千书画乡。手持画笔、挥毫泼墨，他们是用线条与色彩描绘世间风采的翩翩少年；坚持以精品奉献人民、用明德引领风尚，他们是坚守艺术理想的文艺主力军；放下画笔、走向运动场，他们是坚持德智体美劳全面发展的新时代好青年！

舞动的中国红饱含他们对党的脉脉深情，大写的“中国”二字是他们对祖国的拳拳热爱。“坚定不移听党话、跟党走，立志做有理想、敢担当、能吃苦、肯奋斗的新时代好青年”是同学们心底最强烈的呼声。

张大千美术学院的运动健儿们，将本着友谊第一、比赛第二的宗旨，充分发扬团结拼搏的精神，努力向着更快、更高、更强、更团结的目标迈进！奋勇前进、笃行不怠，让青春在全面建设社会主义现代化国家的火热实践中绽放绚丽之花！

音乐学院方队

踏着欢快的节拍，迈着青春的步伐，现在向我们迎面走来的是音乐学院方队。他们洋溢着的青春气息，向我们展现坚韧不拔、永不放弃的精神；他们前进着的坚定步伐，向我们展现全力以赴、坚持到底的决心。他们有“驽马十驾，功在不舍”的不懈努力，他们有“鹰击长空，鱼翔浅底”的豪壮气魄！他们将带着自信与从容，以刚强的意志、团结进取的精神迎接挑战。青春在赛场上挥洒，热血在赛场上沸腾。跑道是他们精彩的舞台，汗水是他们荣誉的徽章。今天，他们将本着友谊第一、比赛第二的宗旨，以最佳姿态超越自我，全力以赴！乘风破浪，气宇轩昂！追求卓越，再创辉煌！

教育科学学院方队

正昂首阔步向我们走来的是教育科学学院方队。建院20年来，学院不断发展壮大，现有4个专业，教师66人，学生1300余人，毕业校友8000余名。学院建有省级应用型示范专业1个、省级一流本科专业建设点1个、省级课程思政示范专业1个、省级卓越教师培养项目1个，省级教学团队2个、省级科研平台1个。

乘着党的二十大召开的东风，学院主动对接新时代中国特色社会主义生态文明社会建设，立足四川丰富生态资源和长江上游生态屏障定位，确立生态教育办学理念，着力培养有生态素养的高质量复合型师范生。

踔力奋发新征程、勇毅前行谱新篇。教育科学学院师生将在运动会赛场上继续发扬更高、更快、更强的体育精神，不断超越自己，赛出风格和水平。加油吧，教科健儿们！

地理与资源科学学院方队

现在向我们走来的是地理与资源科学学院方队。这是一个充满活力的集体，他们在专业中观风云之变幻，测沧海与桑田，究规律与变化。学院拥有强干的师资队伍，培养了一批批基础扎实、专业技能过硬、综合素质高的应用型人才。“勤学苦练”是他们取得进步的根本保障，“从容不迫”是他们面对比赛的良好心态。此次运动场上，地理与资源科学学院的健儿们将会继续本着“友谊第一，比赛第二，全民健身，增强体质”的宗旨，发扬“团结，拼搏”的精神，向“更快，更高，更强”的目标迈进。相信在本次运动会中，地理与资源科学学院的运动健儿们会取得优异的成绩，不负训练时的努力，让我们为他们呐喊，为他们加油！

生命科学学院方队

“海阔凭鱼跃，天高任鸟飞。”看！生命科学学院方队正在向我们阔步走来。整齐的动作，英姿飒爽；统一的步伐，斗志高昂。他们在实验中探索生命的奥秘，他们用画笔描绘生命的姿态。“用生命诠释生命”“用生命赞美生命”，生命科学学院的发展离不开学院文化的传承与发展，运动健儿们蕴蓄着蓬勃的生机，凝聚着不竭的活力，他们年轻的脸庞展现的是永不言败的精神。加油呐喊在耳畔，满腔热血，汗水燃起青春梦，荣光彼岸，目光所及是拼搏的远方。这是一个热情如火、团结向上的集体，相信他们在本次运动会中，会赛出风格、赛出水平，让我们共同期待他们在赛场上的表现吧！

国际教育学院方队

“和而不同，美美与共”，现在朝我们走来的是国际教育学院方队。他们带着对古老东方文明的向往，对智慧中国的热爱，对体育运动的激情，英姿飒爽、精神抖擞地朝我们走来。国际教育学院目前在册共计有来自17个不同国家的143名国际学生，有来自巴基斯坦、孟加拉国、泰国、韩国、伊朗5个国家的8名外籍教师。多年来，我校坚持全方位、宽领域、多层次开展国际化办学，国际合作项目、国际学生教育取得长足发展，教育国际化水平步步攀升。外籍师生以内江为第二故乡，以内师为第二家园，交流互鉴、成长进步，共同助力内师发展。“守得云开见月明”，如今我们终于迎来重逢团聚的这一天。此刻，国际教育学院方队走在运动场上，青春激扬，满腔热忱，他们将扬帆起航，踏上新征程，祝愿他们赛出水平、赛出成绩、赛出国际风采！

机关一工会方队

鹰击长空，鱼翔浅底，万类霜天竞比拼。现在迎面走来的是机关一工会方队。这是一支团结、奋进、求真、务实的教师队伍。他们昂首阔步，心中装满的是教育的神圣。他们精神抖擞，情中萌动的是服务师生的情怀；他们迈着整齐的步伐，带着灿烂的微笑；他们团结进取，关爱学生，爱岗敬业，无私奉献。他们将用拼搏的汗水挥洒赛场，他们相信，有梦的地方就会有飞翔。他们将会成为本届运动会上最亮丽的风景线！我们相信，在党的二十大精神引领下，他们一定能开创教育教学工作的新局面。

机关二工会方队

现在阔步朝主席台走来的是学校机关二工会方队的老师们。他们分别来自学校教务处、计财处、科技处、国际处等14个处室，承担着学校行政事务管理与服务工作。这是一支恪尽职守、团结奋斗的队伍，在学校党委的坚强领导下，他们始终坚持全心全意为师生服务。这支队伍依靠团结拼搏，曾在以往的工作和往届运动会中取得优异的成绩。此刻，他们正迈着坚定的步伐朝我们走来，精神饱满，器宇轩昂，让我们预祝他们在本次运动会和今后的工作中再展雄风、再创佳绩！

马克思主义学院教师方队

现在，迈着坚定步伐向我们走来的是马克思主义学院教师方队。

这是一支锐意进取、务实求新、善于学习的教师团队，他们高举中国特色社会主义伟大旗帜，坚持以习近平新时代中国特色社会主义思想为指导，秉承为党育人、为国育才、培根铸魂、启智润心的使命与理念，坚持走内涵提升、特色发展、协同创新之路，不断发挥思想政治教育主渠道、主阵地、主战场的作用。

他们承载着希望，背负着梦想，不断增强科研能力，提升教学质量，学院主持、参与省部级项目多项，建有省级课程3门，先后获得省哲学社科成果奖三等奖，省级“精彩一课”讲课比赛二等奖和三等奖等多项。

他们积极参与地方社会文化建设，目前有省级党史宣讲专家1人，市级理论宣传与研究专家8人，近三年累计参与社会服务、理论宣讲30余场次。

道阻且长，行则将至。勇于探索、勇毅前行的马院人，正在努力开创马克思主义学院发展的新格局。

图书馆方队

迎面走来的是图书馆方队。他们是学校精神家园的筑梦人，他们是栖息心灵的守护者。书香浸润了他们的气质，典籍成就了他们的睿智。“十四五”以来，图书馆先后获得四川省人民政府、四川省文旅厅授牌的“四川省古籍重点保护单位”，四川省全民阅读“三个一百”之“特色阅读空间”，“四川省高等学校图书馆先进集体”“四川省全民阅读示范基地”等荣誉称号。百舸争流，扬帆逐梦。湖山莲韵，梦中情馆。图书馆人热忱欢迎师生读者入馆学习！

后勤方队

意气风发，斗志昂扬，现在走来的是后勤方队。后勤保障处致力于学校的餐饮保障、卫生健康、绿化环卫、水电维修等服务。他们是一群善良厚道的后勤人，更是一支默默奉献、团结向上的队伍。

他们克服年龄老化、人员短缺的困难，坚持以师生为主体，牢固树立“服务只有起点，满意没有终点”的宗旨，建设“智慧、高效、廉洁、文化、温暖”的一流后勤队伍，保证学校教学、科研的顺利完成，为学校发展提供坚强有力的后勤保障服务。

团结就是力量，拼搏创造辉煌，祝愿后勤代表队在赛场上勇创佳绩，勇夺第一！

◎ 训练提示

恰当烘托现场气氛是体育解说员必备的传播功能之一。解说员在一定程度上需要扮演不同的角色，可以从旁观者的角度冷静客观地进行解说，也可以向观众传递主观情感。第一个实训案例是对选手背景信息的介绍，解说时需要蕴含感动的深情。第二个实训案例是运动会入场仪式，解说时应热烈而激昂。

（六）播报名单实训

播报运动员名单、国家名单、体育项目名单是解说员的基本功。解说员必须满足吐字用声的特定要求，注意声音、字音节奏的配合。具体要求解说员基本功扎实，气息支撑稳定，口齿发音清晰，双音节、三音节词语格式准确、节奏明确。

（七）搭建框架训练

解说框架如下。

1. 开头、结尾和间歇的赛况报告

在比赛开始前和结束后，播音员要做开场和收尾的解说。在比赛期间，解说员要按照一定的周期，重复对赛况（包括比分、形势以及对当前比赛进程的简单评论等）进行报道。

2. 解说以对比赛的描述和报道为主线

只有在对比赛进行描述和报道，满足观众对比赛进程的认知欲之后，才能展开其他解说内容。对比赛的描述和报道是串联各方面内容的主要线索。

3. 其他方面内容是解说的支线

在对比赛进行描述和报道的基础上，当描述和报道提及某一个转换点（如某一人物、细节等）时，由这一转换点展开背景资料的介绍、对比赛的分析和评论、赛场外话题的讨论及现场气氛的烘托等。

◎ 训练提示

根据以上体育解说的基本框架，设计一场具体的体育赛事的解说语言。

第五章　电商带货直播口语

主播—营销

四川省泸州市龙马潭区顺江村驻村干部化身主播直播推销枇杷，直播口语如下。

……

大家看一看，我手上这个天仙硐枇杷刚刚从树上摘下来，非常新鲜。

这个枇杷可不简单。不是哪儿的枇杷都和我们天仙硐枇杷一样，不一样哈。我们四川省泸州市在云贵高原与四川盆地接合部川滇交界地带，地形有浅丘、深丘和低山，就是小山包哈。海拔350—550米，这个土壤很重要，我们的泥巴是紫红紫红的，其他地方没得我们这样的泥巴，就是夹关组和沙溪庙组母质形成的紫色沙壤土为主，保水保肥能力强。

刚进直播间的伙伴们，欢迎欢迎。我再给大家介绍我们这个天仙硐枇杷生长的土壤，土壤pH5.5—7.2，有机质含量1.5%以上，有利于枇杷的生长发育和优质高产。农业农村部批准的农产品地理标志登记保护。

这个“天仙嬢嬢”问，好不好吃？好吃，嬢嬢（阿姨），好吃哈。你看嘛，多大一个一个的，果肉厚，肉质细密、汁液比较多，酸甜适度。我不是专业主播，我不像他们那么会说，但是我说的都是真话，酸甜适度维C含量高。孃孃，你肯定懂得塞，吃要吃得健康。

……

第一节　电商带货

一、电商带货认知

直播带货是直播娱乐行业从业人员在直播的同时带货，其形式在不断变化。出现直播带货的原因是电商的兴起，引起一些娱乐行业的人跟进，逐渐演化而来。

商务部新闻发言人高峰说："直播带货可以帮助消费者提升消费体验，为许多质量有保证、服务有保障的产品打开销路，但是网络直播必须符合有关法律法规。"[①]因此，电商带货是整合广播电视全媒体平台和主持人优质资源，通过"媒体+直播+电商"模式，输出"选品、价格、物流、售后"一条龙的电商服务。

二、电商带货产生

1982年，HSN（Home Shopping Network）公司成立，并开始向全美播出电视购物节目，一种全新的节目类型出现在大众视野中。

我国的电视购物伴随着媒体产业化趋势应运而生。购物频道的出现不仅丰富了媒体的传统职能，拓展了服务社会及自身发展的空间，同时也为

① 曹凤礼.电商直播［M］.郑州：黄河水利出版社，2020：27.

百姓提供了一种便捷、实惠的购物方式。

1992年，广东珠江电视台开行业之先河，推出了电视购物节目《美的精品TV特惠店》，这被认为是中国购物节目的早期样态。

1995年，北京电视台成立BTV电视购物公司，两年内营业额达到两亿元，挖到了电视购物行业的第一桶金，也让这个行业迅速获得关注。

1996年，帝威斯、百思得电视直销公司成立。

1998年，橡果国际和七星购物电视直销公司成立。同年，央视电视购物公司牵头成立全国电视直销联营网，将全国160多家电视台吸收为会员，大量吸引社会资本，意图将电视购物产业做大做强。在国家级媒体强有力的号召下，从业者对这个行业的前景充满了信心。

然而，伴随着这个新兴行业的发展，危机也随之而来。

1998年是中国电视购物的第一道分水岭。以直销为主要形态的电视购物行业正处在发展初期，监管的缺位、行业自律的缺失，使这个行业呈现出一派虚假繁荣的景象。不明真相的消费者被电视屏幕上充斥着的各种让人热血沸腾的推销词所吸引，订购电话不断爆线。以橡果国际为代表的电视直销公司，年销售额达几十亿元，电视直销的收入占电视台总收入的10%—15%。各种假冒伪劣商品和夸大其词的保健品让这个行业“高烧不退”，最终伤了电视购物的根基，盛极而衰。

从1999年开始，电视购物便迅速进入了衰落期，遭遇到严重的“信任危机”。其中最受关注的就是——“OK镜事件”。

“OK镜事件”只是中国电视直销负面案例的一个缩影，其中的消费者受害案件不胜枚举，电视购物行业受到了自诞生以来最大的冲击。到2000年底，国内电视购物公司由1000多家锐减到300多家，行业总收入由200亿元缩水至40亿元。BTV电视购物公司的年收入由鼎盛期的2.5亿元下滑至数千万元。

电视购物经过早期的无序发展后，进入了停滞期。从业者开始反思，并希望借助国外的经验帮助自身渡过难关。与此同时，国外资本也看中了中国的巨大市场，纷纷抛出橄榄枝。

2003年2月，韩国现代集团与广东电视台合作成立“现代家庭购物频道”，成为我国第一个专业电视购物频道。

2003年9月，美国联合媒体电视购物公司与北京电视台合作成立“北京爱家电视购物频道”。

2003年12月，HSN联合国外资本在国内成立上海合家购物有限公司，并与吉林电视台合作成立“吉祥电视购物频道”。

2004年1月，韩国CJ购物集团与上海文广合作成立“东方CJ电视购物频道”。

2005年4月，韩国LG购物集团与重庆电视台合作成立“重庆LG电视购物频道”。

中国电视购物蓄势待发，期待东山再起。

2006年7月，国家广播电影电视总局和国家工商行政管理总局联合下发《关于整顿广播电视医疗资讯服务和电视购物节目内容的通知》(简称“《通知》”)，这显示出国家整顿混乱的电视购物行业的决心。此后，丰胸、减肥、增高等购物节目被紧急叫停，电视购物行业来了个急刹车。

就在《通知》下发不久前的2006年初，陕西电视台成立“乐家购物频道”。同年3月，湖南广播电视台成立“快乐购物频道”(简称“快乐购”)，成为经国家广电总局批准的第一家由电视台独资的电视购物频道。2006年8月，中央电视台开播“CCTV中视购物频道”，标志着电视购物行业进入了新时代。

2008年，“快乐购物频道”运营态势渐趋明朗，净利润约5000万元。

与此同时，一批专业的电视购物频道、公司相继成立。

2008年1月，辽宁电视台“宜佳购物频道”开播。

2008年9月，贵州电视台“家有购物频道”(优购物)成立。

2008年12月，江苏广播电视总台好享购物公司成立。

2009年9月，江西电视台“风尚购物频道”成立。

2010年6月，中央人民广播电台“央广购物频道”开播。

电视购物行业的发展，也推动了相关政策的进一步出台与规范。

2010年，国家陆续出台《关于电视购物频道建设和管理的意见的通知》《2010年虚假违法广告专项整治工作实施意见》《关于规范电视购物短片广告投放企业资质等有关情况备案格式的通知》，进一步规范电视购物行业的经营秩序，为行业的良性竞争提供了有力保障。国内的电视购物行业经历大浪淘沙和内部重新洗牌，逐渐开始进入良性发展期。

自2011年起，电视购物进入良性的多元化发展期，基本形成了以中视购物、东方CJ、快乐购、好享购等中央级、省级卫视为代表的第一梯队和其他各后起之秀多足鼎力的局面，电视购物行业的规模由2011年的196.6亿元发展到2014年的352.4亿元。

2015年，国家新闻出版广电总局发起成立中国电视购物联盟，有34个成员单位自愿加入，既包含央广购物、中视购物、环球购物等中央台旗下的电视购物频道，也包含东方CJ、快乐购、好享购等地方台旗下的电视购物频道。成立仪式上，34家购物频道签署了行业自律公约，承诺履行主流媒体的社会责任，把消费者利益放在首位，不售卖假冒伪劣产品，维持行业健康有序发展。

在这一新的发展时期，各购物频道在追求合理发展的同时，还加强了自身的品牌塑造，力求形成差异化竞争的局面。各频道不同程度地意识到其母体品牌对自己品牌价值的影响力，都在寻求与母体品牌一致的价值定位，实现共赢。

2014年，湖南卫视推出王牌综艺节目《爸爸去哪儿》后不久，快乐购瞅准时机推出节目衍生商品，如水壶、服装、拉杆箱等，一经推出就被抢空。快乐购的“快乐生活快乐购”口号与湖南卫视的品牌定位是一致的。

另外，各电视购物频道还根据自身的地域特点，打造专属的品牌特色。东方CJ地处上海，吸收了海派文化高雅、精致、追求格调的特色，节目画面优美，追求品位。为了迎合上海人精明、持家的消费习惯，购物专家在推销商品时很少高声宣传，而是耐心细致地把商品的优点分析给观众，特色非常鲜明。

随着网络技术的不断发展，直播带货这种新兴的产业顺流而上，渐渐成为大家习惯的购物方式，甚至曾一度出现“全民带货”的火爆景象。

由此可见，从主播到商家再到政府部门官方平台，均对直播带货抱有极大期待。多家播音主持专业高校与时俱进，为培养更多能够适应时代变化、顺应时代发展的优秀人才，纷纷进行了以直播带货及电视购物节目（新媒体方向）为教学内容的教学探索。

三、电商带货现状

《中国电视购物白皮书（2014）》这样界定电视购物：以持有国家新闻出版广电总局颁发的电视购物频道牌照的专业频道为载体，将产品介绍给消费者，消费者通过打电话、网络等渠道直接从电视购物频道购买商品，并享受免费订购送货式服务。

科技和生产力的提高，极大地丰富了人们的日常生活，社会需求结构随之发生改变。数据显示，57.8%的用户倾向于通过直播链接、电商平台购买商品。观看直播和视频正逐渐成为消费者购物行为中的重要环节，5G和超高清产业的发展为直播带货带来了更多机会。

近年来，各大电商平台、娱乐平台纷纷加入直播战局，知名直播卖货平台包括：淘宝直播、多多直播、抖音直播、快手直播、微信直播、蘑菇街、京东直播、小红书、苏宁直播、海淘直播、得物等。

从单纯的网红带货，到自带流量的明星下场，再到声名显赫的企业家，都纷纷开始做起了直播带货。同时，也有不少素人看到火爆的直播带货市场进而投身其中，一时间，直播带货火遍全网。

这些直播平台又可以分为以下两个大类。

（一）公域流量直播平台

1. 淘宝直播

淘宝直播是阿里巴巴2016年推出的电商直播平台，直播内容主要是消费类的。由于淘宝是电商巨头，用户对其直播平台的主播信任度较高，购买意愿也相对更高。

2. 抖音直播

抖音直播是今日头条旗下抖音平台推出的直播带货项目，直播内容多是日用品。由于是短视频平台，在该平台直播之前都需要通过优质的短视频来引流，这样才可以将直播带货进行到底。

3. 京东直播

2020年，京东投入上亿资源打造京东直播平台，主要为不同发展阶段的商家推出了不同的利好政策，在此政策下，京东直播助力商家迅速成长。

（二）私域流量直播平台

1. 多多直播

这是拼多多开放给合作方做直播带货的营销工具，主要是为了提升用户黏性和流量转化效率。截至2020年底，拼多多多年活跃买家数达7.884亿，成为中国用户规模最大的电商平台。虽然多多直播的知名度不如淘宝、抖音、快手，但是其流量在主流直播平台上是名列前茅的。

2. 快手直播

快手直播的渗透率很高，主要是因为其用户以三线及以下城市人群为主。

3.微信直播

拥有近12亿用户的微信，是其他直播平台所不能比肩的，虽然被网友戏称为直播带货平台的“后起之秀”，但是微信直播一经推出，就有不少企业和权威机构入驻。微信直播平台目前主要有两种直播带货方式：小程序直播、视频号直播。不过微信直播的进入门槛较高，这也保证了内容的相对优质。

第二节　主播口语

一、主播的出现

主播一词，译自英文“Anchor”，原指传统媒体中的主持人、新闻记者或播音员。从工作内容上看，播音员主播多是以播为主并且参与稿件修改、串联撰写等工作。而记者主播则把更多精力放在对新闻的发现、制作、生成等工作中。总之，主播的工作内容更为复杂，策划、编辑、采访、制作、导播、主持等可能都是主播日常需要完成的内容。

后来随着直播带货的兴起，众多广播、电视购物频道的出现，加之网络购物的升级，市场呼唤大批既具备传媒素养又精通商业营销模式的专业化、复合型人才。而购物节目主持人（购物专家）便成了首批带货的主播。

购物节目主持人通过媒体途径，凭借语言艺术及营销策略从事销售行为，兼有主持人和营销员的双重属性[①]。它要求从业人员既要具有在话筒、镜头前的语言传播能力，又要熟知营销策略及受众消费心理。购物节目主

① 严翔，霍妍.电视购物节目主持［M］.北京：中国传媒大学出版社，2017：28.

持人是媒体分众化趋势下主持人专业化发展的集中体现，而直播则是一种视频传播形态，主播是这种视频形态下的产物。相较于电视传播阶段的主播，直播平台内的主播更大众化。

2020年6月，中国轻工业联合会组织申报的互联网营销师新职业通过审批，正式纳入《国家职业分类大典》，这意味着直播带货主播等网络营销从业人员的工作得到了国家层面的认可和规范。这一举措标志着互联网营销师正式成为国家认证的新兴职业，为其职业发展和行业规范奠定了基础。

这时的直播带货主播，也就是互联网营销师，通过搜索引擎优化、社交媒体营销、内容营销、电子邮件营销等多种手段，帮助企业提升在线可见度和品牌影响力，增加销售转化率。他们带货时要承担宣传员、推销员、销售员、体验员的综合角色，而且一般都是团队配合，以获得最佳收益。

即使他们没有直接带货，只是聊天、唱歌，主要价值是陪伴观众，通过情绪输出和情感陪伴，也会得到各种打赏。现实生活中，也有一些人喜欢称带货主播为网红，这是因为绝大多数带货主播是通过网络红起来的。

其实，主播、互联网营销师或网红，在本质上都是销售，必须要通过自己的直播，销售娱乐，销售服务，销售商品。

二、直播口语的引导

在直播带货的过程中，主播以销售方的角色存在，观众以消费者的角色存在。主播要想顺利地将产品销售给对方，就需要深入了解消费者心理诉求，并作出有效引导。

什么是心理诉求呢？美国心理学家亚伯拉罕・马斯洛提出了需求层次理论，如图5-1所示。消费者的心理对其购买行为具有决定性的影响，主播如果能从消费者的心理入手，了解消费者决策购物的整个过程，便能调动消费者的购买欲望。具体来看，马斯洛将人的需求分为5个层面，依次为生理需求、安全需求、社交需求、尊重需求和自我实现需求。马斯洛认为这些需求的发展顺序是固定的，只能由较低层次向较高层次流动，即人只有在满足了较低层次的需求之后，才能继续追求较高层次的需求。

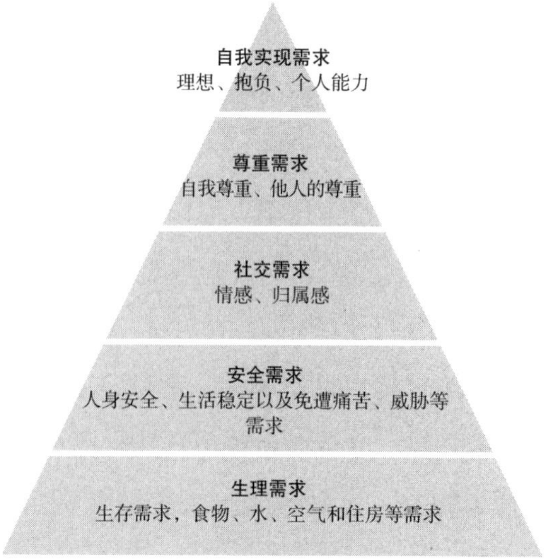

图 5-1　马斯洛需求层次理论

根据马斯洛需求层次理论，我们可以进一步把消费者的需求归纳为以下3个层面。

（一）生理和安全的需求

这个层面主要指人类生存的基本需求，包括吃饭、睡眠、住房，比如人身安全有保障，身体健康，能吃到安全的食物，呼吸干净的空气，家庭成员生活稳定，等等。这些因素是人类生存的根本需求，也是促使人们产生消费行为的原始动力。例如销售果汁时，主播会在直播中不断强调产品无添加、纯天然等特点，就是出于这一层次的考虑。

（二）情感和归属的需求

人是有血有肉的生物，有自身情感的需要。处在热恋中的人，在赋予对方爱的同时，也迫切希望从对方那里获得回应；过春节时，一家人围坐在桌前，晚辈给长辈敬酒，老人给孩子们包压岁钱，人们可以从和睦的家庭关系中获得情感的慰藉；在电影《美丽心灵》中，年迈的教授把学生赠送的钢笔当作对其职业生涯的认可，学生用这种方式表达对老师的爱戴。人在社会中，渴望获得情感，有爱与被爱的需要，希望获得一种归属感，成为某个群体中的一员。

所以很多产品在推销时，都会特别注重对消费者本人及其家人使用过程中态度、情感、体验与感受上的描述，以期唤起消费者对情感和归属需求的重视。

（三）自我实现的需求

自我实现是最高层次的需求，指人在实现了生存、情感这些需求之后，会进一步地渴望实现个人价值，发挥个人才能，获得社会的认可[①]。举例来说，某品牌香水的广告中，女模特脱掉象征束缚的高跟鞋，沿着从屋顶伸下来的一根绸带向上攀爬，最终到达屋顶，尽情享受大千世界的精彩。这表现了当代精英女性渴望冲破阻碍、实现自我跨越的精神。

奢侈品等贵重商品在销售时运用自我实现的需求是最为普遍的。很多奢侈品牌打入直播带货市场，就是看好其中稳定而富裕的消费者群体。从鲜有耳闻，到频频出现于直播中的各种名牌手包、配饰、腕表，甚至价值不菲的跑车，奢侈品对于直播带货来说，就是迎合消费者对自我价值的认同，让他们在心理上实现阶层的跨越。

把握住了消费者普遍存在的消费心理，带货主播实际上就已经掌握了

① 马斯洛.马斯洛人本哲学［M］.成明，编译.北京：九州出版社，2003：49.

产品卖点与消费者诉求之间的关系。一般来说，卖点是针对消费者诉求提出的，形象具体、针对性强的一些销售主张[①]。这些主张，除了心理层面的感受传达，更需要带货主播从语言上进行外化表达，让它进一步形象可感。

三、直播口语的策略

带货主播们通过一些策略来实现带货直播中营销语言艺术化与商业效果的统一。

（一）商品外观

1.锦上添花

商品外观描述是即兴描述的基础，带货主播要用简洁生动的语言，对商品进行外观描述，以起到锦上添花的作用。所谓简洁生动，是指既不能啰里啰唆不得要领，同时又要提起观众的兴趣。带货主播如果只是反复重复商品介绍中的那几句话，那么整个直播看起来将索然无味，让人提不起兴趣。通常，优秀的主播不仅能够准确描述商品外观，同时还能放大商品的光彩，让消费者怦然心动。

例如在销售一枚稀有的1克拉黄钻戒指时，带货主播是这样描述的。

下面我们就来看一下，我们这枚戒指到底美在哪里。首先来看戒指的颜色，戒指当中的这颗主石，1克拉的Fancy Yellow，它的那个黄，是从里到外折射出的金灿灿的颜色。它不是微微的淡黄色，而是特别浓郁的黄，所以才叫第一军团色。如果戴在手上，因为中国人的皮肤很白，所以会很衬这个颜色，就像是戴了一颗大金戒指一样，但是它

① 董关鹏，成倍，马涛.全媒体电商主播养成手册［M］.北京：人民邮电出版社，2021：29.

又比金戒指的金色更加国际化、更加雅致、更加奢华。

就一个简单的黄色，带货主播用了近两百个字来形容。虽然颜色对于观众来说是可见的，但是如此强调它的色彩，也就更好地彰显了商品的价值。

这给很多有意从事直播带货的“准主播”提供了一个重要的技巧，那就是对产品颜色或其他细节的描述，要尽可能细致、准确，多找参照，然后通过参照衬出想表达的内容，让消费者听后感受更直观、判断更准确。

2. 紧扣细节

优秀的带货主播在直播过程中，会紧扣商品的细节重点营销。

例如在销售一把紫砂壶时，带货主播就扣住了壶的形状来展开陈述。

> 咱们今天这个壶啊，最大的不同就在于它是一把“方器”，行话叫“一方抵十圆”，所以方器是非常难做的。那么在方器当中还有一句话，皇冠上的明珠就是“抽角”工艺，也叫“隐角”，就是隐藏的隐。也就是方的角这里按道理应该凸出来，但是大家看这把壶的角是凹进去的，隐藏起来的，所以叫“隐角”。壶把的地方呢，是竹枝的形状，而且是由宽到窄，做得非常生动。壶钮的地方也是竹子的形状，正好合上了我们新年“节节高升”的彩头。壶嘴的地方正好像一根竹笋的样子，太漂亮了！

带货主播之所以抓住“形状”这个细节，是因为我们平常见到的紫砂壶大多是圆的，而方的非常少见，因此在这里把形状作为一个卖点来陈述，突出与消费者习惯认知的差异，从而让消费者产生强烈的好奇心，留下深刻的印象。

（二）商品功能

1.联系当下

在介绍商品的功能时，要能够紧密联系现代人的生活，找出产品和现代生活方式的契合点。例如，现在市面上的榨汁机和搅拌机琳琅满目，带货主播在介绍产品功能时，如果仅突出它们善于搅拌的特点，那就很难从铺天盖地的竞争产品中脱颖而出。因此，带货主播可以巧妙地抓住当代城市白领工作节奏快、来不及在家做早饭的问题，突出产品最大的优点就是搅拌工作完成后，只要把搅拌杯取下，换上普通的杯盖，就可以随身携带当作早餐了。同时还可以顺带教消费者如何利用这个产品，用水果、谷物、坚果一起制作营养美味的早餐。

主播在带货时应该联系当下，结合时下人们生活的需求、痛点来寻找产品的卖点与销售突破口。

2.分清主次

当一款产品有很多功能时，介绍的先后顺序就显得格外重要了。对于带货主播来说，应该把产品最有特色的功能放在前面说，这样可以做到先声夺人、重点突出。而一些大众都了解的常见功能则可以放在后面说，甚至不说。比如在推荐一款智能手机时，基本的打电话和发短信的功能就不必过于强调了，而应该突出其智能的特点，以及如何运用该款手机合理规划生活，把健康、社交、家庭方面的问题统统交给智能手机，才是这款手机的主打卖点。

3.合理比较

不怕不识货，就怕货比货。通过与市面上类似产品的优劣比较，挖掘商品的强大功能，也是直播带货中常用的手法。

例如在推荐一款空气炸锅时，带货主播用普通油锅和空气炸锅分别做了一锅炸鸡翅，并如是说：

我们用普通油锅炸鸡翅的时候，油放得特别多，这用完的油倒了吧，妈妈肯定舍不得；二次使用吧，又特别不健康。炸出来的鸡翅，含油特别多，统统都被我们吃进肚子里了。而我们推荐的这款空气炸锅，烤鸡翅全程没有用一滴油哦，大家看一下，颜色上一点也不逊色于油炸的，而且鸡翅里面的肉汁也特别丰富，鲜嫩美味。

需要提醒的是，在进行商品比较的过程中，表述要基于事实，描述要相对客观，不能过于夸张。

（三）使用感受

通过直播购物的消费者不能直接接触到商品，因此对消费品的使用、体会都是由带货主播转达的，这种感受也被称为替代性经验。例如食物的味道、皮革的触感、按摩椅的舒适度等，这些使用过程中具体感受的描述是直播带货主播语言训练的重要一环。

1.关于口感的描述

例如在销售红心火龙果时，带货主播并不是仅仅说好吃，而是用了非常多样化的呈现方法，具体如下。

今天销售的红心火龙果，和咱们平时看到的白心火龙果是不一样的。口感甜甜的，像蜜一样，颠覆了大家对火龙果没什么味道，不太爱吃、要强吃的印象，至少我以前是这么认为的。我以前对白心的很抗拒，但今天带来的红心火龙果确实让我挺吃惊的。

（切开火龙果）哎哟，你看看这汁儿！怎么会这么红啊？天啊！用小勺子来刮，就会发现很嫩，汁水非常多。朋友们，我稍微碰一下，你看这汁水，这流得啊，都没有办法去控制它。

关键是口感怎么样呢？汁水多，肉厚实，说得我口水都要流下来了。（嘴里塞满火龙果）好甜哦！朋友们，刚才我吃的感受，其实有点像舀西瓜，大家发现没？你舀西瓜的时候，西瓜中间都是水，（把火龙果凑近镜头）大家看，这里面全都是汁水。我现在把水一口喝了，像我这么吃一点儿都不浪费。

我们再来看一下，这个火龙果的皮啊真的只有很薄的一层。（带货主播用刀分离开果皮果肉）大家看，真的是皮薄果肉多啊。

带货主播在描述时通篇没有提到“好吃”这个词，转而描述它汁水多、皮薄肉厚、口感鲜甜，这些细节综合在一起，实际上都是在说水果的好滋味，让消费者感觉好像自己已经吃到了鲜美可口的水果了。

2.关于触感的描述

消费者在手机或屏幕前没有办法触摸产品，而带货主播是可以的，因此需要在直播过程中用恰当的语言把这种触感传递给消费者。比如在推荐一款气垫BB霜时，BB霜附赠的粉扑手感非常细腻绵软，带货主播就巧妙地将其形容为“玉米糕”，让消费者很容易联想到那种软且弹的手感。

在销售一款床上用品时，带货主播形容商品的触感很像丝绸：

当它贴着您肌肤的时候，就会发现好舒服！您看我拿了一件真丝的小背心啊，非常有光泽，我把它放在手背上，它自己就会滑下来。为什么会滑下来？因为真丝它就是纤维皇后，它是最亲肤的，跟肌肤接触的时候就是这么柔柔滑滑的。我们这款产品就是真丝一样的手感。

触觉是五感中重要的感觉，通过对触觉的描述，很容易唤起消费者日常生活中的经验积累，让他们感同身受。

3. 其他使用感受

除了以上两种感受，带货主播还经常会推荐一些家居用品，如床垫、沙发、床上用品、各种木制家具等，需要告诉消费者坐或躺的感受。这里选取一个具有电动功能的皮沙发作为案例介绍。

带货主播：我们今天的电动沙发是可以调整角度的，只要按动按钮，沙发就可以调整到我们觉得舒适的角度。你看，我的脚抬起来了。

厂商代表：我平时90度坐着，虽然也挺舒服，但是吧，“好吃不过饺子，舒服不过倒着”。我们的产品从90度到165度之间，任意角度都可以调整。

带货主播：从你的头部到你的脚部，都给你一个承托力，把你整个人都包裹了起来。像我们女孩子下班回家，穿了一天的高跟鞋，小腿肿胀、脚酸痛，如果此时此刻能有一张这样的沙发，让我往里面一躺，哇！真的每个毛孔都得到了放松！我现在已经有一种躺在棉花糖里的感觉了，因为到处都是软绵绵的，真的是非常舒服。

第三节 主播口语实训

一、案例解读

直播效果要想好，直播带货话术当然不能少。不管是头部主播还是品牌主播，一套完整的直播话术是肯定要有的，并且还得熟练运用。

一般来说，一场完整的直播带货，带货流程的语言技巧可以分类为开场欢迎话术、留人话术、产品介绍话术、互动话术、引导关注话术、催单话术、成交话术和结束话术。

（一）开场欢迎话术

开场欢迎话术的使用要注意不要过于机械化、官方化。欢迎词要做到有亲和力、亲切感，可以叫对方网名，多用“亲、啦、呀、么么哒”等词拉近距离。

“欢迎 × × 进入直播间……”这样的话术可以用，但是不要经常使用，因为经常使用的话就会显得流程很生硬，拉远与消费者的距离。因此，建议带货主播多使用一些能带动气氛的话题和幽默性的语言，拉近与消费者之间的距离，举例如下。

欢迎新进直播间的宝宝们，今天没有迟到哦！

欢迎 × × 来到直播间。进来的姐妹们可以关注一下，以后需要我的时候可以随时找我！

进来的兄弟姐妹们，有需要可以刷弹幕，我看得到！

家人们，晚上好，我们又如约而至了……

欢迎新朋友。不要急着离开。直播间里有很多你现在或者以后需要的好东西。

刚进来的小伙伴，请等一下还没进来的朋友。没关注就给主播一点关注。

欢迎各位宝宝，准点进入 × ×（直播的名称），既然大家那么有诚意，那么就先给大家来波福利。

欢迎来到直播间，没点心点点心了家人们，猜一下今天给大家准备了多少福利呢？点心点到10000，先把最劲爆的这款给大家炸了，好不好？

欢迎××宝宝（要念出对方的用户名）来到我的直播间，相遇即是缘分，这里是××（主播名字）同学的直播间，快来和我聊聊！

欢迎各位帅哥美女来到我的直播间，看看进来直播间的是美女，还是帅哥呢？刷刷弹幕让我看到你哦~

欢迎宝宝们来到××的直播间，主播非常开心，希望宝宝们多多支持，多多捧场哦！

开场欢迎话术的目的是让用户停留在直播间，因此不要过于机械化地背诵，说话时语气要充满热情。可以念出对方的网名，让用户获得重视感，也可以用幽默的话术吸引用户，引导对方关注，还可以设置福利，让用户停留在你的直播间参与互动。

（二）留人话术

留人话术就是要留住进入直播间的用户，提升直播间用户的存留率。通常来说，留人话术技巧主要就是设置福利和及时回复公屏。

1.福利

主播可以利用各种福利、抽奖活动，使消费者和用户停留在直播间。一些带货主播在每场直播开头会采用“废话不多说，先来抽波奖”的方式与用户进行互动。同时，想要留住用户，不能只在直播开头设置福利，在整场直播中，最好每间隔5—10分钟就设置一次抽奖，因为直播过程中会不停地有新用户进入直播间，而直播开始时讲过的福利，如果不重复表达，后面进入的新用户就很难产生兴趣，不便于留住他们。

家人们，多点点赞，赞点到5000，咱把这个项链1元秒杀，送给你们，还有上面的幸运星，还有10分钟就要开奖了，没有参与的幸运星赶紧参与一波。参与成功的家人们就抓紧给主播点点心，点心越多越容易被抽到哦。

2. 及时回复公屏

能在直播间跟主播互动并提问的，基本上可以确定为精准用户了。这时及时回复他们的问题，解决他们的疑虑，才能更好地促单成交。

用户：1号链接的衣服能穿到多少斤？

主播：1号链接的衣服能从80斤穿到140斤，而且弹性非常大，上身是非常显瘦、遮肉的款式。

用户：价格好贵啊，能便宜点吗？

主播：（说出该用户网名）这款商品咱家是有满30减5元优惠券的，你领取优惠券再去买，到手就是××元。这个价位买到这种质量、这种版型的裤子，已经是非常合适了。

带货主播要直接告诉用户，这款商品的品质已经超过它的价格，除了在他（她）的直播间，哪里都不可能花这个价钱买到这样质量的商品了。

（三）产品介绍话术

产品介绍话术一般可以分为以下几种。

1. 展示型话术

具体展示产品的特点，比如面料、外观、材质、重量、细节等。

大家好，欢迎来到我的直播间，今天啊，我也给大家带来了一件宝贝，就是我们四川凉山的彝族漆器。大家看我手里的这个碗，是不是觉得它特别地小巧精致?

我要告诉你，这个工艺在中国传承已经有1600年的历史了，它的制作工序有足足38道，而且在我们凉山，只有传承它的世家，才会做出这么精美的彝族漆器。我在凉山的时候，经常会看到匠人们一点儿一点儿地去描绘上面的这个图案，我也向您保证，您拿到的每一件漆器都一定是纯手工制作的。您把它买回家，就算不用作吃饭，这种非常考究、非常美丽的漆器也可以摆在橱柜里面当装饰品。

除了好看，咱们的漆器也是有着实用价值的。这个漆器碗是木头制作的，那么木头制作的碗呢？第一，它比较隔热，第二呢，我就觉得它会比较扛摔啊，如果使用过程中不小心摔到了，也不用担心哪里产生豁口。

而最重要的是在2008年的时候，咱们的彝族漆器，就已经被列为非遗项目。因此，今天您带回家的不仅仅是彝族人民的热情，更重要的是你把我们的一个非遗特产带回家了。话不多说，赶紧点下方的链接进行购买，让我们一起来助力乡村振兴吧。

2.信任型话术

话术中要不断强调自己的人设，把自己塑造成对行业特别有研究的资深人士，赢得用户信赖。

例1 自我介绍。

欢迎宝贝们来到小林食铺直播间，我是主播小林。我们家做了10年的食品工厂了，从老爷子老林到我小林，我们一直致力于做出低热量、美味又方便的零食给大家。

例2 介绍本次活动的理由。

今天我们新账号开张，也不多说，红包走一波。今天不赚米，福利送给你！大家看一下我身后所有的这些低热量零食，今天都只送不卖！来直播间的宝贝们，来吧，来吧，支持一下小林！

例3　引导互动。

左上角点点关注，新来的宝贝们不要走开，3分钟后提醒我安排红包！

例4　加强人设。

开直播前，老爷子交代小林了，一定要把咱家的零食在××发扬光大，所以不计成本都要给宝贝们安排上福利！哇，现在直播间已经100人了！说实话，我没想到第一场开播就有这么多人支持。

例5　创造需求场景。

（读公屏问题）小林，我想了解一下早上上班上学起床晚了，来不及吃早餐，代餐零食有没有？

（读公屏问题）下午三四点开始饿到低血糖，想吃下午茶的有没有？

例6　解决问题。

……有，当然有啊！一款方便快捷的小面包带给朋友们！咱家这款低热量、高纤维的代餐小面包，可以说完完全全就能满足你的需求。

例7　产品卖点。

它的热量仅仅是普通面包的1/3，而且里面的黑全麦粉加量50%，足足扛饿6小时！宝贝们，所以大家完全不用担心吃不饱！而且，这样的小包设计，真的非常方便，轻松撕开，一口一个！

例8　放大痛点、互动。

宝贝们，你们平时买的全麦面包是不是都很干、很硬？是的朋友请在留言区打“是”，哈哈，果然……那么这回你们可以放一万个心了。

例9　重复放大痛点。

宝贝们听好了，平时上班上学起床晚，来不及吃早餐的，下午三四点在办公室饿得发慌的，这款低热量小面包简直是你们的扛饿神器，一口一个吃不胖。

例10　产品卖点。

咱们这款高纤代餐小面包它有非常浓郁的奶香和麦香，松松软软不油腻！全家老小都适合吃哦！

例11　打消用户顾虑。

来，凑近一点给大家看看我们的营养成分表。大家可以看到，脂肪为0，膳食纤维50%，所以，是可以真正做到好吃不用想太多的零食！

今天直播，我只为了宠粉，5折我都不要，带给大家来品尝。想要体验我们家这款低热量、高纤维小面包的宝宝们，上一波新品，咱们直接炸一波！

例12　运营。

来，A宝宝想要，B宝宝想要，小助理帮忙统计一下，我已经看到有30多个宝宝要新品了。

例13　逼单利益点。

××原价39.9一箱的，今天在我直播间29.9不要，19.9不要，喜欢小林家的宝贝们，我都给大家超值的王炸价格！

小助理，这边多少人报名了？（66个了！）好！

来，今天就给大家炸一波，29.9不要，19.9不要，直接9.9给大家抢！好了，现在直播间已经300人了，话不多说，我的人肯定得宠！

例14　逼单利益点。

仅限今天拍下的宝贝，给你们9.9拍一箱送4包，拿到手的是整整24包！

小林给不给力？福利不常有，倒数1分钟时间大家抓紧去拍，1分钟之后这款产品就下架了！

3. 专业性话术

主播可以提前准备一些专业话术来介绍产品，这种形式特别适合科技类、知识类、法律类、医疗类等产品。

幼儿期是人生智力发展的关键期，为了更好抓紧这个教育的黄金期，我们开发了这款××阅读机器人来帮助孩子提高学习效果。

这款××阅读机器人原价1299元，现在咱们的1折抢购价是129元。家人们，××获得了2020年德国if产品设计奖和德国红点奖，这两个奖可是世界三大设计奖其中的两项，所以说分量是非常重的，这也充分说明了我们产品的品质。

那么，××阅读机器人到底好在哪儿？为什么说您一定要给孩子购买一台呢？因为拥有了它，您的孩子就不需要再用手机平板学习一些课程，从而远离屏幕辐射，让学习从屏幕回归书本。同时，为了增强使用的体验感，我们开发了APP进行产品关联，因此您不用再购买指定的图书，并且我们的产品是支持中英文的。

××阅读机器人支持自主录制绘本，家长可以提前录制阅读内容，也不用担心工作忙陪不了孩子。而且可以支持无网络阅读，一家人出去旅行，还可以在路上用××进行阅读。

4.直营+数字

Hello，大家好，欢迎来到主播看乡村直播带货现场，我是××，那么今天给大家种草的是超级好吃的蒲江猕猴桃。为了给大家带来最好品质的猕猴桃，我直接来到果园里面跟人家对接，给大家折一下最好吃的那颗，这大家可能会问哈，这个蒲江猕猴桃有什么不一样哈，这么给大家说两个词，第一个词啊，就是娇生惯养。

在猕猴桃还是个宝宝的时候，就生活在蒲江特有的紫土当中，而且从小啊，就套着纸袋儿，就是为了能够让它吃好喝好，所以才会是绿皮儿红心。我知道说再多呀，都不如吃一口，那我们来尝一下哈，这个汁儿已经流下来了，我们尝一下。不好意思哈，它这个汁儿已经流出来了，而且它也不是酸的，就是有一种草莓蛋糕的那种味道哈，不好意思，我先咽一下哈。啊，对的，宝宝们，我看大家问吃这个会不会长痘，这么跟大家说，就是在一个猕猴桃里面包含的有13mg的维生素C，还有13种氨基酸，等于说是宝宝们吃了1个就相当于敷了3天面膜。当然哈，大家吃的不仅仅是维C，更是大家对于蒲江人民乡村振兴的支持和帮助。

这第二个词啊，就是72变。为了拓宽产业路，我们现在看到的呀，还有猕猴桃果汁和果干，孙悟空都能72变，咱们蒲江猕猴桃啊，当然能够一桃三吃，那么××直播间88块钱的猕猴桃在我们直播间只需要53块钱一箱，而且大家买两箱的话，还会送大家这样一个果汁儿，等于说是大家花了106块钱就买到了66件的蒲江特产货。准备好了吗？好。好的，三二一上链接。

5.命令+数字

不要把这3种口红颜色用于温暖的皮肤。

如果不了解5个口罩的常识，很容易买错！

6.提问+数字

如何用护肤品在一个月内让皮肤更紧致？

（四）互动话术

直播过程中的互动可以带动直播人气，互动越多，人气则越高，人气越高，推荐也就越多。换句话说，互动做得好，转化就不会少。互动性越强，用户停留的时间也会相应越长，成交机会也就越多。

通常来说，互动可以分为以下几种。

第一种是同产品相关的内容互动。比如产品的颜色、尺码、适合人群、什么时候发货、有什么推荐建议等。这种互动的核心就是耐心+细心。因为进直播间的人群是随机的，有人进有人出，所以主播前面回答过粉丝的问题，后面进来的用户并不清楚，好的带货主播需要有耐心，不但要不厌其烦，还要持续保持热情。

第二种是带动氛围的互动。比如，主播号召认同的在公屏上打“Y”，喜欢的打“1”，这样评论刷起来，给人感觉直播间很火爆。

第三种就是引导关注的互动。比如在直播间发红包，用户必须关注并回复信息才可以领取。那么很多用户为了红包就会关注主播成为粉丝。

第四种就是通过提问来与用户互动，提高参与感。比如，“我刚刚跟你分享的小技巧你学会了吗？”“你觉得紫色好看还是红色好看？”等等。

（五）引导关注话术

用户进入直播间后，最重要的就是引导他们点击关注，这样主播就有了粉丝积累，以后只要自己开直播，他们就能收到直播的通知。什么样的话术能促使用户关注直播间呢？那就必须要给出一个值得关注的理由。这个理由就是主播带来的价值，比如直播间有干货、有不定期的免费礼物、有最新的一手资讯等。

还没关注的抓紧点关注哟，主播将会每天给大家带来不同的惊喜！

关注一下主播，主播每天 × 点定时给宝宝们分享 × × 干货，喜欢主播的可以帮忙分享一下哦！

点点关注不迷路，主播每天下午2点开讲，带你学习成长，一起进步！

（六）催单话术

催单话术属于饥饿营销的一种，目的是让用户产生害怕错过的心理感受，觉得现在不买就买不到这么便宜的了。

关于催单话术的使用，要注意强调促销政策，包括限时优惠、返现、随机免单、抽奖加赠等，从而提起用户的热情，促使其尽快下单。同时，要注意找准时机公布价格，让用户感受到产品物有所值，并适时重复，提醒用户产品的效果和价格优势，不断提醒用户产品是限时限量的，再不下单就没有了。

直播中可使用“三二一”倒计时方式，催促用户马上下单，营造时间的紧迫性，制造抢购的氛围。

关注主播不迷路。主播带你走上一条省钱的道路。各位好，欢迎来到 × × 的直播间，今天啊，是我们四川非遗文化购物节的专场直播，今天给大家上架的第一个王炸单品就是我们的唐昌布鞋。大家可别小看它，到目前为止啊，大概已经有700多年的历史了，并且正式入选了四川省非物质文化遗产名录。

你们知道吗？每一双唐昌布鞋都是要经过32道大工序和100多道小工序，所以每一道工序都要经过工人的精心制作，并且啊，唐昌布鞋始终秉持着每双布鞋都由人工来制作完成的，所以买回家的每双布鞋，不仅质量可靠，也可以看作只属于自己的独家限量款。

那唐昌布鞋穿着到底舒不舒服呢？我给大家上脚试试。

感觉这个布鞋啊，它非常好穿，就是属于那种一脚蹬的类型，而且它穿上脚之后非常舒服，就像是脚和一大块棉花挨在了一起，非常柔软和舒服。

这样一款布鞋在全国的统一售价，每个门店都是198元，而今天在直播间里将给到大家足够的福利，只需要138元。等等还没完，138元再加送我们的唐昌千层鞋垫。所以说，两件套一共是138元，给大家包邮送到家。

不过啊，因为我们布鞋是人工制作的，所以它的库存是有限的，只有1000单，家人们只有1000单了，所以拼手速的时候来了，来吧！三二一，上链接。

（七）成交话术

带货主播直播的目的是成交（娱乐主播除外），在要求用户下单购买时，有些用户会犹豫，这个时候，就需要运用一些成交话术来刺激用户下单。

主播可以讲自己或身边人的使用经历，展示购买订单，强调很多人都是重复购买的，看似不起眼的动作，可以打消用户的疑心，说服他们购买产品。

还有最后3分钟哦，最后3分钟，没有购买到的亲赶紧下单了！

下单还没付款的，赶紧付款，过了时间没付款，订单就要自动作废了。

现在已经卖了××双，只剩××双了！42码的没有了，41码也没有了。

今晚买两瓶直接减80元，相当于第一瓶79元，第二瓶免单。

这个真的很有限，只有最后5件了。看中了就一定要及时下单，不然以后抢不到了！

别想了，直接拍，只有我们这里有这样的价格，以后只会越来越贵。

这款皮鞋采用劳斯莱斯轮胎的材料制作鞋底，皮是用的意大利的牛皮，而且是只用3岁牛的嫩牛皮。我们都知道，所有皮革中3岁牛的皮是最柔软的了。里面的毛采用了澳洲羊毛。因为嫩牛皮有限，所以这款皮鞋的年产量也是有限的，如果有看中的宝宝下单要快哟（塑造产品稀缺性）。这次直播，为了回馈粉丝，原价1299元的进口保暖牛皮鞋，今天特价只要999元，抢到就是赚到！（限价策略）今天这场直播，这款皮鞋我们申请到了100双，仅仅只有100双，卖完就下架！每个ID仅限购买一双！（限量策略）所以只有在今天才有这个价格，我倒数十下就改价格，给大家10分钟的时间下单，10、9、8……3、2、1，上链接开抢！（限时策略）所有的产品都是有30天无理由退换货，并赠送来回运费险的！3年质保！宝宝们放心购买，无须任何担忧。不论任何原因，只要不喜欢，30天无理由退换（不影响二次销售）！

成交话术的语言要有激情，要有足够多的利益点，表情可以适当兴奋、夸张。主播在直播时可以合理利用“三限”原则，即限时、限量、限价，创造紧迫感，再配合音乐，不断强调倒数时间，以及卖出多少件、仅剩多少件，这样就能更好地调动用户情绪，进入抢购模式。同时还要注意作出零风险承诺，解除用户的后顾之忧。

（八）结束话术

20分钟后主播就要下播。非常感谢各位关注的姐妹们和送礼物的姐妹们。谢谢大家！兄弟们也要按时吃饭哈！

主播马上就要下播了。今天很高兴和你分享好物，明天主播8点在直播间等你！一定要赴约哈！

最后给大家放一首好听的歌，然后就第二天再见了。谢谢大家！

二、实训设计

下面是乡村振兴中带货直播的实训材料，受众可以感受带货语言的催化性、交流性、互动性与生活气息。请举一反三，用身边的商品，结合相关背景资料，尝试写一段带货口语直播词，感受直播语言的作用。

（一）农产品带货训练

例1　四川石棉枇杷。

欢迎来到××今天的石棉县助农枇杷批发街，今天我们首推的产品就是石棉县的顶流产品——石棉枇杷膏！这个枇杷膏啊，十分不一般——10斤枇杷才浓缩出1斤的枇杷膏。因此品质是绝对有保证的。并且我们的枇杷膏还经过了权威的认证，那就是世界枇杷的栽培原产地就在石棉县。

说了这么多，我们来看一下这个产品啊。可以看到，纯黑的这种枇杷膏非常有光泽感，而且我告诉大家，咱家的石棉枇杷膏它是拉丝不会断的，我们透过光来看，可以看到非常上品的红棕色，这样的枇把膏我觉得我一定会让它出现在我的家中。

那枇杷膏怎样吃最合适呢？一般1勺枇杷膏配上10勺水，就这样子吃。在秋冬季节进食还可以润肺清肺、预防感冒。

我舀一小勺尝一下，甜度刚刚好，而且口感非常润滑，关键是我们这个配料表里边呢，它是没有任何添加剂、无色素的，大家可以买得放心，吃得安心。

现在我们直播间价格是原价79元，助力乡村振兴，59块钱，直降20元，而且还买一送一，相当于您29元就把全国排名前十的石棉枇杷膏带回家啦！

例2　四川安岳柠檬。

大家好，欢迎来到乡村振兴直播间安岳柠檬专场，我是主播××。安岳是咱们四川最大的柠檬生产基地，这里的柠檬有一大特点，那就是特别酸。今天，在××的直播间呢，我要送出一个前所未有的福利，那就是买柠檬，送柠檬树！是的，您没有听错！是买柠檬送柠檬树。

安岳柠檬想出镜，酸死人来不偿命。如果你还不相信，那就立马下单带回去。

买了柠檬还送树，老板亏得坐不住。乡村振兴没套路，现在下单还有礼物。

大家看，我身后的就是咱们安岳柠檬园里的一棵柠檬树。现在只要在直播间点击下方小黄车的1号链接，购买88斤8两柠檬，您就可以把这棵柠檬树10年的使用权带回家。在这10年里，所结的所有柠檬，我们都免费包邮到您的家里，是不是已经心动了呢？

那么我刚才所说的礼物，就是把您的名字挂在柠檬树上。安岳柠檬带回家，两筐只要一八八。是的，你没有听错，像这样的两筐柠檬一共188块钱，朋友们心动不如行动，购买安岳柠檬，走向锦绣前程。咱们直播间里黄澄澄的柠檬已经等不及大家来见面了，咱们直播间现在已经被炸疯了，大家快来下单吧。

例3 四川阿坝州车厘子。

各位观众朋友，大家好，欢迎来到××的直播间，今天我可是花了大手笔，把直播间直接搬到了四川的阿坝州。您看我身后就是茂密成林的车厘子树了，那我们阿坝州的车厘子和其他地方的有什么区别呢?

阿坝州的车厘子有两个闻名于世的特点，一个是个儿大，另一个就是味儿美。那是什么条件造就了它这样的品质呢?首先就是我们这里得天独厚的日照，一年能超过280天，所以说这样环境里生长的车厘子，味道是非常绝。其次就是我们这里的高原负氧离子含量非常丰富，也为车厘子的生长提供了非常好的条件。

我们这个车厘子到底有多大一个呢?大家看一下它的个头，我手上是一个五毛钱的硬币，放在一块一比较，是不是车厘子足足大了一圈啊?

那这样的车厘子吃起来能是什么样的滋味呢?这里带您感受一下，您看这个车厘子，咬下去，能够爆汁，天哪，这样的车厘子，您吃在嘴里就好像在空口嚼果汁一样!咱们这个拥有丰富果汁的车厘子，能帮您在家轻松榨取一杯车厘子汁。

这么好的车厘子，售价到底如何呢?今天在我的直播间，将给到大家最低优惠，您知道如果是智利进口车厘子，可能要200来块一公斤，就算是国内普通车厘子，售价也在100块左右。可是今天我们的助农计划没有中间商，也不赚一分钱，所有收益都将进入农民伯伯的口袋，现在我们准备上链接，1号链接九块九试吃装，好吃您再来，三二一！上链接！

例4　四川通江银耳。

欢迎来到双12美食节的直播间现场，今天给大家上的第一个产品可厉害了。因为它不但天然野生无公害，而且美味营养人人爱！它就是咱们的通江银耳！正所谓外行吃燕窝，内行吃银耳，咱们通江银耳真的是银耳中的YYDS（网络用语：“永远滴神”）。

家人们今天既然来到了我的直播间，肯定要把最大的福利带回家！听好了原价158元一盒的通江银耳，今天在我的直播间只卖99元，你买一罐，我再送你一罐！

99元两罐通江银耳！家人们准备好！后台三二一！上新！

例5　四川常宁竹海镇竹凳。

今天主播要跟大家介绍的是来自四川常宁竹海镇的竹凳，可能很多人对常宁竹海镇不太了解，但是提起蜀南竹海就比较清楚了。而这款竹凳呢，就是采用蜀南竹海生长周期为三到四年的楠竹制造而成的，并且是纯手工制作的。

有朋友说，纯手工制作的凳子它结实吗？我可以很负责任地告诉大家，它非常结实，甚至可以承重200多斤，并且至少能够使用20年。大家现在点击链接，可以看到我们还有新款的折叠款座椅，非常便携，可以实现真正的随走随坐。

竹子，是天然的降暑神器。所以夏天坐上我们的竹椅，真的是可以感受到清凉一夏的效果。

现在社会传统工艺，手工制品正在逐渐被工业制造替代，而这款纯手工的竹椅，不仅可以作为小型家具来使用，更是具有一定的收藏价值，收藏手工制作的温度。

家人们，现在，花20块钱就可以拥有一款既实用又美观的竹凳，屏幕前的你还在犹豫什么呢？

让我们一起助力乡村振兴发展，为长宁竹海镇的朋友们送去一份希望，赶快点击链接，为我们长宁竹海镇的竹凳加油吧！

（二）带货脚本训练

直播脚本的创作目的是规范主播在直播间里的直播活动，使其能在必要环节完成直播的规定动作，对应到每一个责任人和责任环节。直播脚本里通常也会包含一些话术，包含了对产品卖点的提示。

通常，脚本分为两类，一类是单品脚本，另一类是整场脚本。

1.单品脚本

单品脚本的创作，应该有如下呈现。

（1）明确直播的主题。是回馈粉丝，还是新品上市？要让用户明白自己在直播中能得到什么。

（2）做好用户画像，挖掘用户的痛点和深层需求。

（3）明确直播节奏。安排好商品解说的顺序与具体环节的福利发放，并合理控制解说时间。例如，每个整点抽奖，或者观看人次到多少后送粉丝礼物。

（4）突出直播的卖点和看点。例如，发放什么福利，在直播中设置彩蛋。

（5）明确预算。在脚本中设计好能发放多少面额的优惠券、赠品支出多少等。

◎ 训练提示

单品脚本的创作要求以表格的形式写下来，这样能把商品卖点和利益点非常清晰地体现在表格里，也能在对接的过程中减少疑惑点和不清楚的地方。通常，介绍品牌、强调商品优势、引导转化、直播间注意事项等，都应在表格里有所呈现。要针对用户的特点对产品进行表述，要有视觉化的效果，语言尽量形象生动，让受众听了在脑海中产生画面感。

2.整场脚本

整场脚本是对整场直播的脚本编写。一般来说，整场直播大概4—6个小时，中间不休息。大体可以进行如下安排。

（1）开播马上进入直播状态，设置签到环节，和最先进来的用户打招呼。

（2）直播第1—5分钟，近景直播，边互动边介绍本场直播1—2款热门商品，互动建议选择签到打卡抽奖的形式，不断强调每天定点开播，等待用户大部队到来。

（3）第5—10分钟，介绍今日新款和主推款。

（4）第10—20分钟，将今天所有的商品快速展示一遍，不做过多停留，但爆款可以重点推荐。整个过程持续10分钟，助理紧密配合，服装、日化、食品等商品可以配套展示。主播应注意在整个过程中不看评论，按自己的节奏进行。

（5）开播半小时后正式进入商品推荐环节。主播应有重点地根据用户的需求介绍相关商品。直播前为每个商品准备好5分钟的直播脚本，内容参考单品脚本。

（6）直播中，场控根据同时在线人数和每个商品的点击转化销售数据，引导主播进行重点演绎的调整。

（7）直播最后1小时，做呼声较高产品的返场演绎。

（8）直播最后10分钟，主播介绍明天直播间的新款，助理见缝插针回复今天商品的问题。

（9）直播最后1分钟，强调关注主播，明天几点准时开播，以及明日福利。

◎ 训练提示

在直播过程中，最重要的就是对直播的流程和节奏有合理的规划和安排，重点是话术逻辑和营销手段以及互动方式的把控。

第六章　线上教学直播口语

教师—网课

2022年“启航新征程　同心向未来”首届川渝青年教师风采大赛高校组教育教学专业能力（技能）展示教学，直播口语如下。

随着数字技术平台的广泛应用，互联网、移动网络、新媒体、大数据、人工智能等一系列智能手段会越来越深入地介入到我们的美育过程中。因此，在当前和未来一段时间内，美育教学和美育研究应该把重点放在新的时代背景下美育的新形态和新问题。首先给大家总结前段时间线上学习的第一部分内容。

（播放PPT，并与学生通过网络音频连麦问答）

通过学习我们知道，……人类关于美育的思想应该说是源远流长的。在我们中国美育研究方兴未艾，我们的美育思想是相对丰富的，我们自古就重视诗教和乐教。在古代有这样的一个传统，那就是在自然环境中游历，以陶冶我们的性情。虽然当时这个行为并没有贯之“美育”这个概念，但是我们今天讨论的中国美育传统，实际上是在中西方文化的碰撞中加以构建的，而开创者是近代著名学者王国维。王国维评价孔子育人“始于美育，又终于美育”。他认为只有一个人把“道”内化于心，修养才能够达到目的。大家想一想，和西方传统美育相比，我们中国传统美育有哪些特点呢？大家可以以弹幕的形式把自己的想法发在智慧树平台上。

（弹幕互动）

好，我看到大家的回答都非常踊跃。下面，我来总结一下，中国传统美育有这样三大特点：第一，我们非常重视修身的内化；第二，我们非常重视情感的体验；第三，我们认为美育它有一个潜移默化的过程。

第一节　线上教学

一、线上教学的发展

（一）录播——基础辅助

2000年教育部批准了68所高校为全国现代远程教育试点院校，准许开设网络教育学院，颁发网络教育文凭。同年，新东方网校、学而思网校等在线教育企业上线运行。加上了“在线”两个字的教育，就注定了对互联网、移动互联网以及未来科技的依赖，我国进入网络教育时代。

在线教育最初是依靠录播的形式开展的，由于技术还没有那么成熟，将课程的视频录下来，上传到网络上，受众上网进行观摩学习、查找资料等，受众主要是以接受企业培训、职业考试培训、职业技能培训以及成人教育的考研、留学等为主。这时的在线教育扮演的是一个辅助工具的角色。①

① 杨成宁.在线教育的运营与发展研究［M］.上海：上海交通大学出版社，2021：3.

（二）直播——加速发展

2012年受到国外MOOC（Massive Open Online Courses，大规模开放在线课程，简称慕课）的影响，一些互联网企业介入在线高等教育领域，加之各大高校产生自建中文慕课平台的需求，在线教育逐渐步入真正意义上的“在线”教育。

2016年，学而思网校率先全面转型直播课，主打的就是一个主讲教师负责上课，另一个辅助教师完成作业批改、学生辅导等工作的“双师大班模式”。教师能够在线答疑解决学生提出的问题，而学生也能通过语音插件与教师对话，教师和学生能够进行同步互动。在线教育以直播的方式作为知识传播手段，建立教育直播平台。直播技术的成熟为在线教育带来了规模化变现渠道，在线教育迎来加速发展期，促使教育直播平台的诞生，教育直播平台的出现是在线教育领域一个巨大的飞跃，它很大程度上提升了在线教学的师生互动性，降低了学习成本，也是卓有成效的在线教学方式[①]。

（三）大数据、人工智能——优质推进

2020年1月29日，教育部下发通知，要求2020年春季学期延期开学，提出“停课不停教，停课不停学”的教学指导方针。从基础教育到高等教育，从不同职业技能培训到各种各样的兴趣辅导班，在线教育经历了一个重要拐点，在线教育能够根据用户的学习大数据进行自适应教学、自适应出题，借助自然语言理解以及语音识别技术对用户进行纠音，借助人脸识别技术来检测用户在直播学习过程中的兴趣变化和学习状态等。随着大数据、人工智能的发展，在线教育的变革还将持续发酵。相信未来教育会以大数据实现教育个性化，用人工智能赋能教育，在成倍放大教育产能的同时，使优质教学资源得到充分利用，从而真正做到因材施教、因人施教。

① 尚俊杰.在线教育讲义［M］.上海：华东师范大学出版社，2020：19.

二、在线教育的优势

利用多媒体和网络信息技术开展的教师的教和学生的学的在线教育，通过教师、学生、在线平台等多边、多向互动和对多种媒体教学信息的收集、传输、处理、共享，来实现教学目标的一种教学模式。如教学网站、学习网站、网络课程、网络教学平台等，使身处异地的教师和学生相互听得着、看得见。这样学习者不受时间和空间的限制，只要将计算机连接到校园网中进入上述教学环境，即可通过键盘、鼠标和耳机进行学习或者与其他同学交流。互联网的发展程度决定了在线教育的成熟度。

在线教育具有学习资源丰富且多元、教学方式打破时空局限等特点。

（一）学习资源丰富且多元

在线教学的信息资源不仅来源于本地电脑所提供的磁盘内容或教学课件，更多是将分布在世界各地的信息源通过网络进行整合。学生通过联网可以在校园、图书馆、咖啡店甚至在家中即可迅速得到世界上最新、最全的第一手资料，聆听世界一流教师的讲课，直接向专家请教。可以说网络教学信息来自世界各个角落，其信息呈现多元化趋势。网络教学能为学生提供丰富多彩、图文并茂、形声兼备的立体型、比较直观的学习信息资源，学生可以从网络中获得的学习资源不仅数量多，而且多视野、多层次、多形态。与传统教学中的信息源相比，学生有了更多更自由的选择空间，自由地选择是自主学习的前提和关键。

（二）教学方式打破时空局限

利用网络教学可以分为同步式模式和异步式模式两种。其中，异步式模式是由教师将教学要求、教学内容以及教学评测等教学材料，编制成

HTML文件，存放在Web服务器上，学生通过浏览这些页面来达到学习的目的。学生在线学习在时间安排上是非常自由的，可以全天24小时进行，只要拿着手机或笔记本电脑，进入校园网课平台、钉钉、腾讯会议等进行网络学习，就可以根据自己的实际情况确定学习的时间、内容和进度，并且随时在网上下载学习内容或向教师请教。

异步式模式缺乏实时交互的问题，在同步式模式中得以解决，教师、学生不必在同一地点上课，师生间可以产生积极深入的互动交流，达到与传统教学模式一样的效果。

（三）学习方式打破空间局限

网络教学空间更自由，不管你身处何地，只要有网络，便不用担心没法上课、没法学习。学生依然会遇到点名、提问的环节，网络的好处只有你不知道的，没有它办不到的。

（四）学习对象扩大范围

网络教学扩大授课范围的影响，使得更多的人能够在网上上课。在终身学习的时代，学科内容的持续更新需要学习者不断地补充、完善既有知识体系。同时，学习对象也可借由网络平台，跨时间、空间更灵活、自主地接触更广泛的学科和领域，从而使学习的主体、对象、内容等范围扩大。

（五）培养人才促进创作能力

网络教学对受教育者思想意识的培养是无法与传统教学模式相比的，而这种思想意识的培养对受教育者的素质教育、创新教育是至关重要的。

在网络环境下进行教学，要体现学生的主体地位，有利于培养兴趣、启发诱导并真正调动学生参与教学的积极性、主动性和创造性。学生可以自主学习，自己调整学习的节奏、内容，还可以重复学习，强化学习效果。

网络教学最关键的特征是学生利用网络进行自主学习和发现学习，即一般是由个体自觉确定学习目标，制订学习计划、选择学习方法、监控学习过程，评价学习结果的学习，它体现了人的主体性、能动性、独立性的一面①。在网络教学中，学生应积极转变观念，他们不应该是知识的被动接受者，而应该是主动参与者。学生应该充分发挥自己的积极主动性，消除传统教学中被动接受的心理，积极主动地参与学习过程，成为学习的主体。

在网络教学中，学生在课堂上和课堂外可通过网络搜索网上资源，可以应用网络创作资源并向班级发布自己的电子作品。学生不但可以继续以传统方式听课学习，还可以在网上向教师提问，对课堂内容进行评价，下载教师的讲义、作业和参考资料等。学生要积极参与网上活动，如每周提交一次应答文章或参加讨论，并成为课程要求的评分的一部分。还要与本课程以外的同学、一线工作者、教师或专家一起工作或通信交流，特别是通过计算机会议软件进行交流。本校学生由于排课表或其他冲突，应用网络作为参与课程的主要通道，可能还有参加若干实时课程会议的机会。在世界各地的学生也可以参加完全在网上发布的课程。

网络教学可以促进教师与学生之间关于教学信息的交流，学生还可以根据教师在网络上提供的反馈信息，在学习过程中不断调整学习内容和进度，自由进退、自主构架。

在网络环境下进行教学，必须找准教学内容与教学方法的最佳结合点，符合教学各个环节的具体特点，如“网络教学目标系统”“网络教学课堂系统”“网络教学检测系统”等真正有利于优化教学目标的制定、实施和检测。

① 刘志文.转型与构建：网络教学变革的理论研究［M］.广州：广东世界图书出版公司，2011：43.

第二节　教师口语

一、教师的角色转换

网络环境的多样性为个性化教学提供了广泛的发展空间，教学双方可根据自己的需要进行教和学，从而使个性化教育成为可能。

科技的进步不仅拓展和丰富了教学的信息来源，同时也改变了学生的学习方式、课堂教学的组织过程以及教学效果的评价方法。在当今信息社会，师生都处于一个信息来源极为丰富和多样的环境中，两者获得信息的机会几乎是均等的，教师已不再像从前那样是学生学习的主要信息渠道，这就要求教师要重新认识自己在教学中所起的作用和扮演的角色。

（一）主导者

主导者即网络教学的设计者、开发者和研究者。曾经一块黑板加一支粉笔，教师讲和学生听的传统教学中，教师是主体。利用网络教学的优势，通过设置不同的情景、演示不同的事例、提出不同的问题、进行不同的启发、提供不同的方法、做出不同的要求等，使不同层次的学生都有完成教学任务的机会。这一环境改变了以牺牲一部分学生的学习机会为代价，仅照顾多数学生的应试教育的模式，切实做到因材施教。

网络教学的形式可分为针对社会自学的网络教学和针对在校学生开设的网络精品课程以及预习或自习的网络教学①。网络多媒体教学的目的与课

① 刘志文.转型与构建：网络教学变革的理论研究［M］.广州：广东世界图书出版公司，2011：105.

堂教学的目的不同，其课件内容和特点也不同，不只是要在课堂多媒体课件的模式下制作网络课件。多媒体课堂教学注重的是实时教学效果，而多媒体网络教学注重的是教学指导和练习。

一般来讲，多媒体网络课件主要应包括内容提要、疑难指导、复习总结、习题指南、练习测验、网上辅导等。还有一些其他的功能，如网上讨论、网上专题设计、网上仿真实验等。这是目前许多网络课件尚未考虑的问题，需要进一步研究和解决。制作网络精品课程课件，仅靠老师单枪匹马是很难完成的，制作一个课程的网络教学课件应有5—10人分工协作，分别由专人负责总体设计、分步设计、动画设计、文字编辑、声音和音乐编辑以及总体合成。制作完成后还必须另设专人进行质量检查。

（二）播音员

网络教学需要以计算机为辅助教学手段，将声音、图像、文字与动画有机地结合在一起。教师讲解PPT、图片、视频等内容，不见其人但闻其声，承担类似于播音员的身份。网络教学中的播音员角色需要具有交流强烈的广播播音员身份感，与内心想象的学生交流。

（三）演员

网络教学中，教师的形象公开，应注意教师形象，镜头下诸如服装化妆、肢体动作等细节都会被放大，就如同演员一般。

二、教学的口语变化

苏联著名教育家苏霍姆林斯基指出：教师的语言修养在很大程度上决定着学生在课堂上的脑力劳动效率。中国著名教育家叶圣陶强调：凡是当教师的人绝无例外地要学好语言，才能做好教育工作和教学工作。

教师口语是教师在从事教育教学活动的过程中所使用的口语，不是一般口语，而是专业口头用语，它是教师进行教育教学活动的最基本、最重要的手段，是教师的劳动工具。

教师口语能有效地提高教育教学的效率和质量，能有效激发学生的思维力和创造力，给学生提供示范，使师生关系更加融洽。

同其他行业和职业所使用的语言相比，教师口语有以下几个基本要求。

（一）规范性

教师的口语必须具有规范性，包括普通话的语音规范、词汇规范、语法规范3个方面。线上教学在音频技术的影响下，更要求教师使用普通话标准音，做到发音清晰、吐字准确，一旦学生听不清楚，就会不明就里。词汇规范是指不用方言词，杜绝生造词。语法规范是指力求避免成分残缺、搭配不当、词类误用、语序失调等不规范现象。

（二）科学性

不同学科的教学有不同的知识领域和知识系统。教师的教学语言要做到准确，备课时仔细、反复地推敲字词，词语要经过慎重选择，讲授不同的学科，就要使用学科所规定的术语、概念。

（三）互动性

如果说线下教学会出现学生“身在曹营心在汉”上课走神的情况，那么线上教学时学生连身都不在曹营，开小差的情况就更难管理了。网络教学对学生的学习自觉性和主动性要求较高，实时交互可以在一定程度上缓解上述问题。教师在线上授课时，不仅应加强管理，在语言上应设计更多互动语言吸引学生。

（四）可接受性

所谓可接受性，是指根据不同的教育对象运用不同的语言，即因材施教。教师在进行教育教学时必须针对不同对象的特点运用语言，才能取得良好的教育教学效果。《论语·先进》有这样一段记载，子路和冉有先后向孔子请教同样一个问题："闻斯行诸？"意为听到了觉得自己应该做的事情就去做吗？对此，孔子给出了两种完全不同的回答。公西华问孔子原因，孔子解释说："求也退，故进之；由也谦人，故退之。"意为冉有遇事退缩不前，所以激励他；子路好胜心强，所以阻止他。

（五）教育性

一位小学语文教师在教学生"打"字时，有学生说："是打人的打。"老师立即说："应该说是不打人的打，少先队员能打人吗？"教师有义务对学生进行积极的教育。

（六）新用语

不同于线下教学，线上教学会使用特定的线上专用词语，如共享屏幕、弹幕、连麦等。这些词语不仅包括技术层面的新用语，也包括教学周期内社会现象的流行语汇。这些词语的应用增强了线上教学各端口学生的亲近感，也使得教学内容以更鲜活生动的形式便于学生理解。

（七）幽默性

概括来说，线上教学既有传统教育进行的线上教学形式，也有针对不特定受众进行的公开教学。这就使得教师口语和教师个性，从单向传授向受众兴趣（受众吸引）转型。特别是公开教学中教学对象可能存在对学科领域的认知不系统、不全面。在讲授、答疑中，教学口语的幽默性可有效缓解教学专业性带给学习者的枯燥感，同时伴随使用对比等具有画面感的表述，让生活中相似、相通的场景与教学内容相结合，通过夸张等方式形成高级幽默。如某大学邀请一位教授做报告，当时校园正进行青年歌手大赛，教授发现不少学生站在走廊上，不进教室坐，可能是在权衡是留下来听讲座，还是去看比赛。于是教授说了这样一段话："同学们，今天首先是你们鼓舞了我，你们放弃了青年歌手大赛来这里听我演讲，这说明你们进行了选择，在说与唱之间，一般人是选择唱的，而你们都选择了说。在年轻小伙子、姑娘和老头子之间，一般人选择小伙子和姑娘，而你们选择了我这半老头子。这说明你们认定说的比唱的好听，老头子比年轻人更有魅力，这使我产生了一种返老还童之感。"这位教授及时抓住现场的氛围，幽默得体地赞美了听讲座的学子，使得站在走廊上的学生纷纷走进了教室。

三、教学的手段应用

（一）讲授式网络教学模式

在这种模式中，网上的教学信息一般可分为以下四类。

第一类是将板书内容、教学挂图、实物模型等通过计算机处理后传递给学生，计算机相当于一台高效率、可灵活控制的投影仪；第二类是各种场面的模拟，使学生在教室中就能体验到与实际情况类似的情境；第三类是形象化的各种抽象的内容；第四类是在实验室不能或不易完成的影响学生健康或者费用很高的实验，这种教学模式是传统教学模式的直接延伸，教学中还是教师讲学生听，教师展示学生看，教师通过网络面向全体学生传授知识，学生的被动地位没有改变，网络的教学功能没有充分发挥。

（二）探索式网络教学模式

这种学习模式涵盖的范围很广，从简单的电子邮件到大型的复杂学习系统都有。探索式网络教学模式可分为6个阶段。

第一阶段，教师提出问题。

第二阶段，学生对教师所提问题进行分析。

第三阶段，学生搜集有关解决问题的信息。

第四阶段，学生对所获信息进行综合分析。

第五阶段，学生抽象提炼信息并上升到理论层面。

第六阶段，学生对结论进行反思。

在探索式网络教学模式中，学生在独立学习、探索和获取知识的同时，提高了独立解决问题的能力和技巧。探索式学习模式技术简单，容易实现，价格低廉，又能有效促进学生学习的积极性、主动性和创造性。尤其是学生在学习过程中身负两种角色，既是知识的学习者，又是解决问题的研究者、探索者。探索式网络教学模式能有效克服传统教学过程中学生总是被动接受知识的弊端，是培养适应未来社会发展的创新型人才的有效途径[①]。

（三）讨论式网络教学模式

讨论式网络教学模式的特点是师生之间积极交流，教学采用启发式，注重对问题的讨论。中国古代教育家孔子、古希腊哲学家柏拉图留下来的教育经典大都是以问答的形式表述的，可见这种教学模式的历史是最为久远的。在基于网络进行的讨论式网络教学模式中，常常采用社群论坛或电子邮件列表进行关于特定问题的讨论和解答。讨论式网络教学模式具有成本低、易管理的优势，因而在现代网络教学中得到广泛应用。

① 吴限.基于终身教育的网络教学改革［M］.北京：中央广播电视大学出版社，2017：39.

（四）信息收集整理式网络教学模式

在这种模式中，教师首先向学生提出问题，然后引导学生查询、收集网络中多样、丰富的信息资源，并帮助学生对收集到的信息进行筛选、分析和组织，结合学生自己的观点，提出解决问题的方案。此外，这种模式有利于跨文化的交流，网络为学生提供了接触各国信息与文化的条件，促进了学生对外国文化与文明的了解，弥补了传统教学很难提供外国文化环境的缺陷，从而拓宽了学生的视野，并有助于学生外语水平的提高[①]。

就技术层面而言，信息收集整理式网络教学模式需要解决的问题如下。

（1）课程内容的存储和组织媒介。

（2）网络传输的速度和可靠性。

（3）信息的安全性。

（4）服务器的并发控制。

讲课是一个多种交流形式共同作用的过程，因此远程授课应采用多媒体的技术，从而真正区别于网上图书馆。这就带来了课程信息如何存储、如何使用的问题。网络教学需要大量的数据处理，如何使信息的传输达到令人满意的效果，也是一个重要的问题。这个问题包括两个解决方案：一是提高网络实际传输效率；二是降低传输量，尽量利用较低速率传输那些最重要的信息。此外，信息安全性也是一个重要的课题。

四、网络教学模式的特点

（一）网络教学方法的综合化

将现代信息技术应用于教学过程，促使教学方法向综合化方向发展，

① 沈红.基于在线课程平台的高校英语混合式教学模式研究［M］.北京：中国商业出版社，2021：57.

归纳起来有以下几种。

1. 协作讨论法

在传统的课堂教学中，教学双方的学习与交流仅局限于固定的时间和空间，并且学生与学生之间没有协作学习的机会。网络教学不但保证了教学双方随时、随地的学习与交流，而且还实现了学生与学生之间的交互协作，从而使他们通过对某一问题的共同讨论、取长补短，最终实现全面的认识。教师则主要在学生讨论交流的基础上，对一些难点或不同观点进行重点讲解、启发和答疑，指导学生得出正确的结论。

2. 发现式教学法

这是一种以问题解决为中心的教学形式，步骤如下。

第一步，设置问题情境，使学生产生解决问题的需要。

第二步，学生在利用教师及网络教材提供的材料基础上，对提出的问题进行解答和提出假设。

第三步，教师引导学生对假设进行验证。

第四步，教师帮助学生提取原理或形成概念。

3. 模拟教学法

由于网络教学中应用了大量的虚拟现实技术，能够将教学中抽象的原理等难以表达的过程生动形象地再现出来，使得枯燥乏味的知识同有意义的实例相结合，方便了学生将所学的知识运用于实际生活中。

4. 情境教学法

网络教学将图、文、声、画等技术融为一体，为学生创造了生动形象的教学气氛，激发了学习兴趣与热情，使学生的思维、情感和行为融合起来，起到了潜移默化的作用。

5. 自主学习法

由于网络教学是建立在学生主动参与、自主控制基础上的一种教学关系，因此它为学生创造性地提供了多途径、多方式学习知识的开放式教学环境。自主学习主要包括：

（1）查找课程计划；

（2）查询不同类型的教学内容；

（3）同教师、专家或其他学生直接进行一对一的交流；

（4）访问网上各种信息资源。

（二）网络教学表达方式的多样化

网络提供有文本与超文本、具体与抽象的知识和信息，通过技术手段表达与真实情况相一致或现实条件所无法表达的事实与经验，并通过多媒体以非线性方式进行揭示与传递，从而激发了创造性思维，培养了创新能力。

（三）网络教学信息交流范围的扩大化

以前人们进行交流的工具主要有信件、电话和传真等通信手段，往往处于被动的信息获取模式。进入网络时代，凭借电子邮件、远程登录、文件传输、讨论组、电子公告板、网络会议等一系列双向信息交流工具，师生双方可就某一论题随时与一国、多国或全球范围内的同行或同学进行讨论交流，不仅速度快，而且费用低廉，完全打破了空间和时间的障碍[①]。

（四）网络教学方式的丰富化

传统的课堂班级式教学是集体化的教学方式，无法适应人的个性和特点，学生始终处于被动的学习环境中。网络教学方式则是集体化和个体化

① 冼婉华，郑泳濠.网络教学 发展思维［M］.北京：中央民族大学出版社，2005：35.

二者的有机结合。利用网络，学生可以参加各种类型的专题讨论组，对感兴趣的问题进行自由讨论和发言，发挥各自的特点，相互争论，相互帮助，相互提示或进行分工合作，最终通过讨论达到一致的答案，这就使得课堂学习、小组讨论和协作学习等教学方式交互辉映。

（五）网络教学手段的现代化

开展网络教学，充分使用网络技术、多媒体技术及计算机技术等现代信息技术是基础，因而网络教学在吸收与克服传统教学手段诸如幻灯、投影等媒体长处与不足的同时，将现代诸多媒体特点融为一体，有效地利用各种媒体手段，确保了教学手段的现代化。

五、网络教学对教师口语即教学方法的要求

（一）利用网络教学的开放性特点，重新定位教学重心

自由开放的网络、四通八达的站点，意味着教师不再只是知识的传授者，学生也不再是被动的接受者，他们将有更多的自主选择的机会。为了适应信息时代的这种变化，把教学的重心由单纯传授知识转移到引导学生学习和培养提高学生能力上来。

（二）利用网络教学的交互性特点，促进师生之间的双向交流

通过网络教学系统，教师可用电子讲座的形式把教学内容与要求传递给学生，再通过智能化的评估系统迅速了解学生的掌握程度，并进一步根据存在的问题及时调整教学方案及实施办法；学生也可以根据自身需要，从中选择更加适合自己的教学内容，并通过电子举手的方式，把学习中遇到的问题、产生的感受及时反馈给教师；同学之间还可以通过电子论坛的

形式展开讨论。“教”与“学”是矛盾对立又统一的双方，正是在这种网络联系和双向沟通的互动中，得以不断调整和发展。

（三）利用网络教学的共享性特点，优化教学效果

计算机辅助教学首先改变了几百年来一块黑板、一支粉笔的传统教学手段。它以生动的画面、形象的演示，给人以耳目一新的感觉。计算机辅助教学不仅能替代一些传统教学的手段，而且能达到传统教学无法达到的教学效果。在传统教学模式下，由于教师之间缺少分工协作，必然导致教学上的低水平重复劳动。网络教学已经为课堂教学摆脱封闭的教学模式，构建开放型的教学方式提供了美好的前景。

（四）充分发掘与利用网络教学优点

网络教学打破了传统教学在时空上的局限。在传统教学中，面对面的教学活动是教学的主要方式，师生的教学活动局限在特定的时空内（教室、实验室等）。网络教学则摆脱了这种局限性。把教学资源及其相关的内容放在能长期动态存储信息的服务器上，学习者可以随机通过互联网浏览，或者根据网上提供的辅导老师的电话，和老师沟通交流。

网络教学易于拓宽学生的知识面。在传统教学中，教师的课堂教学的内容、时间是有限的，同时其知识面也是有限的。在网络教学中，教师可以随时添加和更新网络学习服务器中的内容，不断扩充知识信息；同时，师生可以通过进行广泛的讨论、交流，拓宽学生的知识面。

网络教学使学业评价更加公开、公平、公正。在网络教学中，学习自测管理、作业提交与评分主要借助网络完成，专家、教师、学生可以借助互联网的公开性、信息的共享性，参与到学业评价中来，使学业评价过程更加透明、公正。

第三节　教师口语实训

一、案例解读

例1　文学类《“声声慢·寻寻觅觅”的多维之美》。

一、教学日期

2022年10月10日，共计1课时。

二、教学目标

1.知识目标

通过对该词的课前预习与课堂学习，使学生接受相关知识，包括作者简介、写作背景、内容风格、理解词意。

2.情感与价值观目标

提升学生的文学艺术鉴赏能力，拓宽视野；感受该词多维之美，陶冶情操，美育其品行；增强文化自信，担当传承使命。

三、教学内容及重点难点

本节课学习内容为宋词《声声慢·寻寻觅觅》，深入解读全词首句“寻寻觅觅，冷冷清清，凄凄惨惨戚戚”，以点带面。

重点：引导学生用更新的视角、不同的途径捕捉该词多维之美。

难点：如何获取该词多维之美。

四、教学方法

讲授法——启发式讲授。

讨论法——互动式讨论。

具体采取小班互动式教学，以学生为中心设计课程，教学投入多方位，运用互联网现代技术。

五、课前准备

要求学生提前预习，以小组为单位分配基础知识任务。

六、教学过程

（一）新课导入

古典诗词如同闪烁在浩瀚夜空的繁星，成为中国传统文化中最美的景色。今天我们摘下其中的一颗，共同感受大美诗词。

（二）基础知识讲解

李清照《声声慢·寻寻觅觅》这首词婉约在哪里？李清照是怎样的人？她为什么要写这首词？我们应该怎样理解这首词？这一连串的问题同学们已经提前预习了，现在以小组为单位分享信息。

（进入互动环节，要求学生提前预习，搜集的信息以小组为单位，分配任务讲解。教师组织并判断信息的准确性。）

1.婉约风格

婉约即婉转含蓄，是一种柔婉之美。这首词的特点为内容侧重儿女风情，结构深细缜密，音律婉转和谐，语言圆润清丽。

2.人物介绍

李清照，宋代女词人，号易安居士，齐州章丘（今山东省济南市章丘区）人。宋代婉约词派代表人，有“千古第一才女”之称。李清照出身于书香门第，早期生活优裕，博览群书。她的作品经历轻愁、愁离、忧思不同阶段。

3.创作背景

（1）丧夫之哀：丈夫赵明诚病死。

（2）亡国之恨：金兵入侵，北宋灭亡。

（3）孀居之苦：孤独一身，颠沛流离。

一连串的打击让步入中老年的李清照尝尽愁苦之情，此情凝聚心头无法排遣，于是写下了这首词。

4.作品理解

苦苦地寻寻觅觅，却只见冷冷清清，怎不让人凄惨悲戚。秋天总是忽然变暖，又转寒冷，最难保养休息。喝三杯两杯淡酒，怎么能抵得住傍晚的寒风紧吹！一行大雁从头顶上飞过，更让人伤心，因为都是当年为我传递书信的旧日相识。

园中菊花堆积满地，都已经憔悴不堪，如今还有谁来采摘？孤独地守在窗前，独自一个人怎么熬到天黑！梧桐叶上细雨淋漓，到黄昏时分，那雨声还是点点滴滴。这般光景，怎么能用一个“愁”字了结！

作品通过描写残秋所见、所闻、所感，抒发自己因国破家亡、天涯沦落而产生的孤寂落寞、悲凉愁苦的心绪，具有浓厚的时代色彩。

（三）全词朗读

词原本是要唱出来的，李清照在她的《词论》中说“词是歌词”。中国古典文学研究专家叶嘉莹先生告诉我们：“声音里有诗歌的一半生命。”现在，先由老师来为大家示范朗读。

《声声慢·寻寻觅觅》李清照

寻寻觅觅，冷冷清清，凄凄惨惨戚戚。

乍暖还寒时候，最难将息。

三杯两盏淡酒，怎敌他、晚来风急！

雁过也，正伤心，却是旧时相识。

满地黄花堆积，憔悴损，如今有谁堪摘？

守着窗儿，独自怎生得黑！

梧桐更兼细雨，到黄昏、点点滴滴。

这次第，怎一个愁字了得！

（四）深入解读

在座的都是学艺术的同学，相信对美的感悟更加强烈。请大家从首句“寻寻觅觅，冷冷清清，凄凄惨惨戚戚”展开美的遐想。

1.听觉美——千古绝唱

请各位同学调动自己的感官五觉，告诉我们，你的耳朵听到了怎样的美？

（提问交流）

同样的声母是双声，同样的韵母是叠韵，双声叠韵是汉语的一种声韵现象，增强语言的音乐美。两字一顿构成鲜明的节奏感，音调形成短促、轻细的节奏，这样的音乐美增强了诗词传达出的情感。由平和低缓到促迫、深沉，读来只觉意婉、情切！整首词7组叠字在创作上前无古人后无来者，得誉为“千古绝唱”。汉语在世界民族语言中是一朵奇葩，音—五音；声—五声；律—六律。音乐性是汉语非常突出的特点。

李清照是山东济南人，现在我们视频连线山东电视台主播尚菲菲为我们用方言朗读。

（互联网视频连线）

不知道生活在宋朝时期的李清照是不是这样吟诵的呢？其实早已是沧海桑田了。同学们来自全国各地，接下来请大家用自己的家乡话朗读，感受汉语方言带给我们多样的音乐之美。

（连线各位同学，方言朗读）

2.视觉美——情景交融

请同学们继续调动自己的感官五觉，我们的眼睛看到怎样的美呢？我们能看到有哪些物体、颜色、场景呢？下面进入答题环节。

（弹幕回答或聊天回答）

（1）物体：孤雁、残菊、淡酒、寒风、秋雨、梧桐等。

（2）颜色：灰蒙蒙、枯黄等。

（3）场景：孤影、哀叹、难民、新坟、哀号等。

我们从该词“冷冷清清”的具体场景展开形象思维、激发想象力，四处逃难的难民，不断增加的新坟，愁容、泪眼……此情此景的交融，李清照不仅描绘出凄凉的秋景图，更是呈现出不忍目睹的国破家亡的画面。

3.情感美——含蓄婉约

（1）**渴望**的情感在“寻寻觅觅”

爱人：相敬如宾，志同道合。

故乡：故土中原，国泰民安。

个人：出身名门，书香门第，生活优裕。

李清照想找回一些温馨的回忆来慰藉自己，她寻觅的是怀念，是深爱的美好过去。

（2）**失望**的情感在“冷冷清清”

她寻觅到了什么？晚风、残酒、孤雁、残菊、秋雨、梧桐绘成了一幅凄凉的秋色图。在自然环境中，举目四望，情景交融，触景伤情，冷冷清清何等感人。

（3）**愁苦**的情感在"凄凄惨惨戚戚"

寻觅回不到过去，冷清更加的伤感，一切都没有了，而现状只有和自己一样四处逃难的人群、不断增加的新坟……听到的是哭声，看到的是泪水，感受到的是孤独、悲痛。此句由平和低缓到益发促迫、深沉，如泣如诉。

（4）小结

寻寻觅觅——神态——动作——渴望

冷冷清清——环境——现状——失望

凄凄惨惨戚戚——心情——愁情——失落、孤寂

"寻寻觅觅，冷冷清清，凄凄惨惨戚戚。"词人由渴望、失望到失落、孤寂，三层情绪层层深入，统领全词，笼罩在愁情的氛围中。简单的7个叠词把细腻、丰富、持续动感的愁情表现得余味无穷。这首句14个字没有一个愁字，却写的都是愁，体现了含蓄婉约的美。

好，请同学们说说你对这首词的理解，你捕捉到哪些美呢？

（进入讨论环节，引导提升：语言的叠字带给我们听觉上的音乐美；从视觉上带给我们形象画面美；同情人物遭遇，净化心灵的悲剧之美；没有写一个愁字，却处处都是愁情的含蓄婉约之美等。）

李清照的词留给了我们，她把美留在了人间。今天我们在课堂上学习、探寻《声声慢·寻寻觅觅》的多维之美，老师希望把这样的美辐射到生活中去，也希望各位同学成为风雅中国美的使者。

接下来，我们带着对这首词美的感悟一起来朗读。

（老师在屏幕里带领，师生共同朗读）

七、课后作业

1.思考6点

从社会、家庭、个人、共性、个性、美感出发理解李清照的过去，珍惜我们今天所拥有的，特别是思考如何开辟民族的未来。

2.动手1项

大声朗读全词，手机录音，师生音频共享。

八、教学反思

本课的教学对象是广播电视编导、影视表演、播音与主持艺术类的大学生。此类学生思维活跃，情感丰富，对文本的朗读加强有声语言的感染力，引导学生感同身受，达到深刻理解。特别是此类学生未来从事文化传播工作，通过打破专业界限，用创新融合的美育途径探寻该词多维之美，使其为民族文化感到骄傲自信，勇于担当传播文化使命，成为新一代文化传承人。

九、查阅资料

查阅文学、艺术、美学、音韵学的等相关图书、视频、讲座资料。

◎ 教师口语解析

该教学设计为线上网络教学，通过直播网课的形式，与学生进行弹幕、视频、音频互动，包括与场外主持人连线，呈现给学生直观的感受，在直播场景中播放提前录制好的视频文件，充分运用多种网课传播方式，与学生互动融合。

在此教学设计的基础上，教师口语设计变化多样且丰富，有教学内容的客观介绍，有提升学生认知的引导讲解，有渲染文学作品的深情朗读，有连线交谈的亲切对话，等等。

特别是本节课的导入语“古典诗词如同闪烁在浩瀚夜空的繁星，成为中国传统文化中最美的景色。今天我们摘下其中的一颗，共同感受大美诗词”，结束语“李清照的词留给了我们，她把美留在了人间。今天我们在课堂上学习、探寻《声声慢·寻寻觅觅》的多维之美，老师希望把这样的美辐射到生活中去，也希望各位同学成为风雅中国美的使者”的设计，可见教学语言规范、唯美，并且引导学生增强文化自信、担当传承使命的情感与价值观。

例2 新闻类《新闻的定义》。

同学们好，这一节课，我们来学习新闻的定义。

首先我们来看一个新闻。

（播放新闻视频）

孟晚舟经过中国政府的不懈努力，在当地时间2021年9月24日乘坐中国政府的包机回到了祖国的怀抱与家人团聚。这个新闻相信大家应该都听说过了。那么通过这个新闻我们可以体会到什么呢？通过这则新闻大家的感受是什么呢？

（弹幕评论区学生回复，家国情怀）

对，家国情怀。大家看孟晚舟本人是不是就是比较勇敢坚强的？她在加拿大被非法滞留，待了1028天是不是？然后孟晚舟重获自由，这个事件既是正义和法律的胜利，是不是也彰显了中国共产党，还有中国政府对于维护本国公民正当合法权益的坚定的决心？还有，就是我们也可以体会到我们本国的人民以孟晚舟为榜样、为例，反对霸权、不畏强权的这样一个坚强的意志。这就是通过这个新闻我们可以体会和感受到的。

那么我们经常说新闻，同学们日常生活当中应该也关注了不少新闻，到底什么是新闻呢？或者说新闻的本质是什么？哪位同学能起来说一下？好，请某某同学打开摄像头。

（学生：我认为新闻就是当下人们所需要的信息）

所需要的信息，很好。还有没有同学想发言呢？

（学生：新闻就是把事实信息表达出去的传播活动）

很好。大家是不是都提到了这个“信息”，还有就是社会当中的一些事实，是不是啊？还有传达给人民群众，就是新闻的受众，同学们提到了这些方面。

那么我们这节课，主要就来看一下新闻的定义，本节课主要分为三个方面。第一，我们会了解一下新闻这个词的由来与含义。第二，我们会介绍一下中西方典型的新闻定义，以及新闻的分类。第三，我们会介绍我国新闻学界通用的一个新闻的定义，就是陆定一先生关于新闻的定义，它是新近发生的事实的报道。

首先我们先来看一下新闻一词的由来与含义。新闻这个词由来已久，在口头和书面语言当中已经有上千年的历史。那么，我们看我国最早的报纸，或者说我国报纸的雏形就是唐代敦煌进奏院状，这个进奏院是什么意思呢？其实就是地方的驻京办事处。它是1900年在敦煌莫高窟出土的，是目前世界上最古老形态的报纸。这是中国报纸的雏形，那么将报纸和新闻联系在一起，是到了宋代才出现，宋代把非官方的民间小报称为新闻。对于新闻的由来大家已经大概了解了，早期的新闻，它指的是不是新鲜的事物，新奇的见闻呢？后来随着近代印刷业的发展，出现了印刷报纸，新闻就和报纸开始产生联系了。报纸后来指的就是登载这些新鲜事情，或者说逸闻轶事的出版物。

那么随着新闻内容的不断丰富，还有新闻传播活动的日趋复杂，新闻的范围在不断地拓宽，并且进一步包含四个含义。

第一，就是指新近发生的新鲜事，还有逸闻轶事，这一点和早期新闻的含义是不是类似的？第二，就是报纸，在国际新闻界，报纸的运用是非常普遍的。第三，就是新闻事业。第四，就是新闻报道，它既指传统媒体，比如报纸、广播电视，还有新媒体、网络手机这些新媒体每天报道的消息，也指消息通讯特写，还有纪录片等这些各种形式和题材在内的新闻报道。

大家看新闻的含义非常广泛。它有利于我们认识到新闻传播现象的复杂性，新闻传播活动的复杂性，新闻现象的丰富性。但是如果把这些含义都作为新闻的定义来认识和理解，就会造成我们对新闻定义认识的混乱，不利于我们认识新闻本质，所以，我们下面就来看一下新闻的定义和分类。

纵观中外新闻界，关于新闻的定义有很多，其中比较典型的有四种。第一种就是事实说。什么是事实说呢？就是以事实作为新闻的依据，强调新闻是事实的报道，强调新闻报道的事实，以人民关心关注的为重。这一点刚才两位同学也提到了。其中比较有代表性的就是范长江先生关于新闻的定义。范长江先生认为新闻就是广大群众欲知、应知而未知的重要事实。我们首先来了解一下范长江先生，我校范长江新闻学院就是以范长江先生命名的。今年是中国共产党成立100周年，范长江新闻学院的师生走进范长江纪念馆，拍摄了一则有关范长江先生生平的宣传片。我们来看一下这部宣传片，了解一下范长江先生的生平事迹。

（播放范长江先生生平视频）

大家看后有没有深受触动呢？是不是我们作为范长江新闻学院的学生，要弘扬长江精神，做党和人民信赖的新闻工作者。刚才我也提到了，就是同学们下来之后要研读一下范长江先生的著作，比如《中国的西北角》和《塞上行》，学习一下范长江新闻思想。我们再回到范长江先生关于新闻的定义，范长江先生关于新闻的定义，最早是1961年他发表在人民日报的《新闻战线》杂志上。他提出新闻就是广大群众预知、应知而未知的重要事实。大家看他的这个定义强调了两个关键词，一个关键词是广大群众。范长江先生认为进行新闻采访报道的一个重要途径就是要走进人民群众，就是要以群众作为一面镜子。另外一个关键词就是重要事实。后面我们会学习新闻价值的五要素，重要性就是其中之一，范长江先生是不是早就意识到了这个要素？对于事实的限定，是不是才可以成为新闻？这就是事实说。

（直播图示：关键词串联）

第二种新闻的定义就是报道说，报道说认为，事实成为新闻必须要经过一个中间环节，那就是报道事实，只有经过报道传播才能成为新闻。新闻是对事实的报道，传播或者记录新闻是新近变动的事实的传播，新闻是指最近发生的事情，关于这起事件的报道就构成了新闻，这就是报道说。

（直播图示：关键词串联）

第三种新闻的定义就是功能说，它侧重新闻的传播功能以及舆论和手段，认为新闻是报道或评述最新的重要事实，以影响舆论的特殊手段。

第四种新闻的定义是信息说，强调新闻的信息属性，大家可以看一下，信息和新闻是不是有区别的。信息的范围更广，在浩瀚的信息海洋当中，只有具有新闻价值的才能构成新闻。

（直播图示：关键词串联）

以上新闻定义的共同点主要有两个，一个是强调了事实的重要性，另一个是强调新闻要新，事实要近。我们也看一下西方对新闻的定义，有代表性的就是这四种。大家看第一、二、四种，这三种可以说是资产阶级新闻价值观当中反常论的代表。新闻事件的反常性、异常性就是吸引人们的好奇心、求知欲。第三种新闻是“女人、金钱和罪恶的记录”，这是资产阶级新闻价值观当中的黄色新闻观，就是渲染凶杀、色情、暴力、犯罪这样的一些新闻，它们片面突出强调了新闻价值当中的趣味性。

最后着重介绍陆定一先生关于新闻的定义：新闻是新近发生的事实的报道。

（直播图示：关键词串联）

陆定一先生在1943年提出了这样一个定义，大家看这个定义有三个关键词。事实、报道和新近发生。“事实”这个关键词的提出和范长江先生的想法是一致的，当时陆定一先生担任中共中央机关报《延安解放日报》的总编辑，该报是1943年整风运动的产物，就是《解放日报》的改版。陆定一先生认为事实是行为的本源，事实第一性，新闻第二性。第二个关键词“报道”除了事实要成为新闻必须要经过报道，还有一个含义，新闻对事实的反映并不是机械的有文必录，它是新闻工作者主观能动性的产物。比如说要经过新闻工作者的加工、选择和整理等。第三个关键词“新近发生”是强调新闻的实效性。陆定一先生提出的新闻是新近发生的事实的报道，这个定义在我国新闻学界沿用了近半个世纪。

◎ 教师口语解析

以上教学口语设计，在优化教学内容的基础上结合课程特点，紧紧把握“新闻的定义”这条主线，以案例教学法、问题式教学法，结合案例、视频、文本等丰富多元的形式和互动式教学，促进学生对抽象概念的理解和知识点的融会贯通。

在教学引导中，引导学生列举最近关注的新闻，在学生回答后，追问什么是新闻。对学生的回答进行简要总结，侧重于激励。讲解完新闻的由来与含义后，帮助学生认识新闻现象的丰富性和新闻传播活动的复杂性，启发学生思考与探索新闻的本质。

值得注意的是，在直播教学环节，为避免师生双方“失联”的情况，即观看学生兴趣度、注意力弥散，教师对教学口语的设计采用了大量的提问、追问、反问和强调提问，使网络直播教学尽可能避免单向传输，以问题意识来引导学生认识中西方的新闻定义和观点，进而理解认知教学内容和目标。

例3 艺术类《普通话的声调》。

今天我们要学习普通话的声调，同学们把书翻到第72页。在今年的7月1日我们都观看了中国共产党成立100周年大会的庆祝视频。大会中，展现了我党百年征程的波澜壮阔。习近平总书记在大会中说到中国共产党百年正是风华正茂，这一句话给我们留下了深刻的印象。那除此之外，在大会中一段青少年朗诵的视频同样给我们留下了深刻的印象，他们用抑扬顿挫的声音、层层递进的感情，表达着对党对祖国的深情厚谊，我们来看一下这段文字，可以小声朗读一下。

（教师示范朗读。）

《请党放心，强国有我》（节选）

不忘初心，青春朝气永在；
志在千秋，百年仍是少年。
奋斗正青春！青春献给党！
请党放心，强国有我！

同学们，咱们思考一个问题，如果我们在朗读这段文字的时候，用一个声调去朗读，会是什么效果呢？比如说我们都用阴平调去朗读，大家自己试一试。

（直播端：学生各自试读）

是不是显得特别不自然特别生硬，而且没有任何的感情了？所以说当我们的汉语没有了声调缺失了声调，那汉语抑扬顿挫的美感就没有了。那么接下来，我们来看一下，当汉字、汉语，有了声调之后我们的语言有多美吧。

（朗诵片段，案例视频《请党放心，强国有我》）

好，同学们看得都非常专注呀，想必被他们饱满的情绪感染到了。那同学们想，如果这4位领诵员在朗诵时，声调不准确或者是不统一，甚至是有方音夹杂在其中，那会是什么效果呢？没有这种效果了，那就会破坏汉语的表意以及汉语的音乐性，而且也会破坏现场这种严肃的氛围，所以说我们4位领诵员的声调都是非常准确的。那接下来，我们就进入声调的学习。

首先看一下声调的概念。声调也叫四调，是汉语音节所固有的，可以区别意义的声音的高低和升降。这个概念当中，我们要理解三个关键点。第一点，它是汉语音节所固有的，怎么理解呢？什么是所固有的呢？自带的、缺一不可的是不是？必须得有的，也就是说咱们每一个汉字它都有音节。

那么接下来看一下第二点，声调是区别意义的声音，也就是说声调在音节当中它的作用是什么？区别意义的、区别字义或词义的是吧？我们看一下我给大家列举的3个词语，分别是学历、学理和雪梨。这3个词语，它们的声母韵母都是一样的，但是声调不同，所以说字发生了改变，因此意思也就大相径庭了。所以说声调是可以区别意义的声音。这也是它的作用，大家要记住一点。

那么第三点，就是它是声音的高低和升降。声音的高低和升降，就是声调音乐性的体现，那么它是怎么升、怎么降的呢？那从声调的性质和特点去分析，首先来看一下声调的性质。声调虽然和音长跟强度有关系，但其性质主要取决于音高，声调音高变化是由发声时声带的松紧变化造成的。然后，发音时声带越紧，在单位时间内声带颤动的次数就越多，声音的频率就越高，声调就越高，反之，声调就越低。同学们想一想，我们在前面的训练当中是不是做过一个单元音i的螺旋。有没有同学现在给我们来发一下这个呢？好，举手的这位同学你来，从低到高螺旋。

（学生发单元音i的螺旋）

好，非常标准。好，那你告诉我们，你在发这个i时，当你的声音越高，你的声带是紧还是松呢？

（学生：紧）

好，当你声音越高时，你的声带是越来越紧张的，对吧？好，谢谢。所以说我们在发声调时，跟声带的这个松紧是有直接联系的。

好再看一下第三点，声调的音高变化，包括上升和下降，声调变化是逐渐滑动的，不是跳跃式的。跳跃式的变化，它主要集中在音乐当中、声乐当中。那声调中的音高和声乐当中的音高，它们的区别有什么呢？那就要从声调的特点去分析。

首先来看一下声调的第一个特点。声调中的音高相对音高跟声乐中的音高是不同的，声乐中的音高是绝对的音高，给大家举个例子，比如说在26摄氏度时，中音的“6”是在440Hz，这是一个绝对值。而我们声调当中的音高是相对的不是绝对的，比如说小孩或者是女性，他们的音高普遍要比成年男性要高一些，因为他们的声带要短一点、薄一点、窄一点，再比如说当一个人处在一个紧张的、非常不安的情绪时，那这个时候他的声带较偏紧一些是不是？那么他的音高是高还是低？

（学生弹幕：高）

声带越紧，对了，同学们都理解了。好，那么当一个人处在一个放松的、非常舒适的状态下时，这个时候他的声带就是松弛的。因此，他的音高，就要低一些。

接下来看一下声调的第二个特点，声调是普通话富于音乐性的最基本最活跃的因素，也就是说我们汉语的音乐性体现在声调的升和降之中，我们来看一下右边这首诗。这是选自毛泽东主席的《七律·长征》，这首诗创作于1935年10月，长征已经过半了，那么我们的毛主席回顾这一年长征路，非常艰辛坎坷，最后感慨万千，写下了这首著名的七言律诗。接下来，同学们跟着我一起来朗诵一下。在朗诵时加入一个小小的表达技巧，就是把我们那个音韵、调域拉开，也就是说你起调的低音和高音的区间拉开，这样的处理方式可以让我们的感情更加饱满，同时可以让音乐性得以更好地体现。

（教师范读）

《七律·长征》

红军不怕远征难，万水千山只等闲。

五岭逶迤腾细浪，乌蒙磅礴走泥丸。

金沙水拍云崖暖，大渡桥横铁索寒。

更喜岷山千里雪，三军过后尽开颜。

那么我们声调升降的变化就是汉语音乐性的集中体现。其实很多外国学者也非常喜欢中国话。苏联诗人吉洪诺夫曾经说："只有用音乐才能传达出中国语言的声音，只有用音乐才不会把它损伤，从这声音里可以隐约听见钢铁的沸腾，猛虎的低啸和奔流的浩荡。"所以说我们的中国语言是这个世界上最优美的语言之一。

好的，那么给大家讲了声调的概念、声调的性质和特点，我们怎么才能发好声调呢？那就要从声调的发音要领中去分析，在说到要领前，我们要了解两个知识点调值和调类。其实，我们的声调在很早以前就有了，在南朝时文学家沈约和他的朋友就发明（注：广义“发明”指阐发、彰明）了四声，而古时候记录四声叫作平、上、去、入。很遗憾的是，那个时候没有科学的方法和系统去记录声调，直到中国现代语言学之父赵元任的出现。他用了五度标记法来记录声调，从此我们的声调就有迹可循了。可以说咱们中国学者也是非常了不起的。他用一条竖线标志出了声音的低和高的区间，同时从最低到最高标注出了5个度。

好，接下来看一下左边关于调值和调类的定义。调值是指音节高低升降区直长短的变化形式，也就是声调的实际读法，而调类就是把相同的字归纳在一起所建立起来的类，比如咱们把读一声的字归纳为阴平类。那么把二声的字归纳为……

（学生弹幕：阳平类）

非常好，那么把三声的字……

（学生弹幕：上声类）

对了，上声类。把四声的字归纳为去声类。非常好，接下来我们来用夸张四声发一个词语，来体会一下，在发这个词的时候声带的松紧变化。好，这个词是山河美丽，对，山河美丽。好，谁来给我们发一下。在发音的时候，我们这种夸张四声一个字一个字地发，在发时感受声带松紧变化，其他同学也可以自己试一试。

好，来，（直播窗口教师开启双视窗连线）

（学生：山）

好，山，在发完山时你的声带松紧有没有变化？紧张吗？

（学生：紧）

对了它是均衡紧张的，是不是？好，那么第2个字，河。

（学生：河）

好，发河的时候呢，当你的声音越高时……

（学生：逐渐变紧）

啊，声带是越紧的，逐渐变紧的。好，再发一下美。

（学生：美）

好，那你的声带松紧是怎么变化的呢？

（学生：后面紧）

后面是持续紧张的是不是？好，那么最后一个字，丽。

（学生：丽）

声带呢？

（学生：松了）

声带是逐渐松弛的，是不是？因为它的声音呢，是从最高逐渐降到最低的，声带也是逐渐放松下来的，好，谢谢。

非常不错，那同学们我们想一下，我们在发声调时只注意声带松紧就能发好声调吗？我们前面学过的什么内容跟发声调也是息息相关的？

（学生：气息）

对了，就是气息，气息的强弱变化也跟我们发声调紧密联系在一起，大家可以看一下我右边手绘的这张声调图，我用了4个颜色去区别4个声调，同时大家仔细观察这4条线，是不是有点不太一样呢？比如有些线它是逐渐变窄的，它的颜色是逐渐变浅的，有些线它是逐渐变宽的，它的颜色是逐渐变深的。所以说，我就用颜色的深浅和这个线的一个关系来表示气息的强弱。线越宽颜色越深，我们的气息逐渐加强，是不是？好，那我们的线逐渐变窄，颜色逐渐变浅，那这个时候，气息就逐渐减弱。那么有了声带松紧变化和气息强弱变化，我们来看一下四声的发音要领。这是非常重要的内容，同学们一定要理解。

首先看一下阴平的发音要领，发阴平时要注意起调高平莫低扬，气息均匀不紧张，发这个声调时容易出现的问题是起音过高过低，这些都是不规范的。好，看一下阳平，阳平是我们同学容易出错的一个声调，大家仔细看一下它的发音要领。它是从中起音直向上，用气弱起逐渐强。大家看一下这个绿色的线，是不是就说明了这句话？这个声调我们容易出现什么问题呢？容易出现上不去或者是乱拐弯的问题。接下来看一下上声，也就是三声。这个声调也是容易出错的，那么它的发音要领是上声先降转向上，降时气稳阳时怎么样？阳时气息逐渐增强，那么这个声调容易出现的就是硬拐弯或者是上不去的问题。最后一个声调是四声，它的发音要领是高扬直下向低唱，强起到弱气通畅，它的声音是从强到弱，气息是从强到弱，声带是从紧，然后到松的过程。好，那么接下来大家跟着我来发声，来感受一下气息和声带的配合。

（师生齐读）

阴平：江山多娇、春天花开

阳平：儿童文学、闻名全球

上声：永远友好、选举领导

去声：日夜奋战，艺术创作

刚才，我在发三声词的时候大家听出来没有？我是不是变调了？这是我们语流音变中的内容。最后我们来看一下这一首来自北宋诗人苏轼的《定风波·莫听穿林打叶声》，我们一起来诵读一下这首词，来感受一下中国语言的发音美和意境美。

（师生齐读）

莫听穿林打叶声，何妨吟啸且徐行。竹杖芒鞋轻胜马，谁怕？一蓑烟雨任平生。

料峭春风吹酒醒，微冷，山头斜照却相迎。回首向来萧瑟处，归去，也无风雨也无晴。

好，这首诗大家下去加强练习。最后，我们对今天的声调做一个总结。声调是普通话语音当中非常重要的内容，声调的相对音高和音韵的升降给播音主持语言表达增加了无数色彩，也使它的表达更为丰富，同时彰显了中国语言的音韵之美。好的，今天的课就上到这里，同学们下课。

◎ 教师口语解析

以上教学口语设计中，对知识目标、能力目标、思政目标有清晰认识，通过声调章节的教学，将理想信念、民族自豪感融入专业教学中，建立学生的文化自信心。在能力目标教学中，教师围绕培养学生“明、快、净、雅”的语言风格。明：堂堂正正，大国之声。快：新闻语言，节奏明快。净：淳朴干净，不加粉饰。雅：君子风度，儒雅大方四点来进行。

该课程将充分发挥课程的德育功能，运用德育的学科思维，把学生的思想政治培养作为课程教学的重要目标，努力提炼该课程中蕴含的文化基因与价值范式，将其转化为核心价值观具体化、生动化的有效教学载体，在“润物细物声”的知识学习中融入理想信念层面的价值引领。

通过对汉语普通话的学习，让学生体会中国的语言之美，增强学生文化自信心与民族自豪感。同时，有意选择与课程相关的思政素材，融入教学布局与课程安排，坚定学生理想信念，培养学生爱国、爱党、爱民、爱社会主义的情感，引导学生做社会主义核心价值观的坚定信仰者、积极传播者、模范践行者。

需要注意的是，以上教学内容的呈现，教师借由清晰、准确的口语指向、解释，标准、规范的朗读示范，及时、积极的互动，全方位调动课堂来实现教学目标，特别是线上线下混合式教学中的教、学、练、评四位一体。这一口语表达的综合运用，在艺术类教学中的概念讲授、要领操作、实践训练中显得尤为重要和有效。

例4　理工类《人和脊椎动物病毒》。

接下来，我们一起学习人和脊椎动物病毒。动物病毒其实是非常常见的，在我们人类、哺乳动物，还有爬行类和鱼类等各种脊椎动物当中，广泛存在着病毒。据统计，与人类健康相关的病毒，就已经超过300种。比如说我们人类传染病当中有70%—80%都是由病毒所引起的，比如说肝炎、流感、SARS等。而且，就是恶性肿瘤当中也有15%是由病毒感染诱发的。

这个病毒，它不仅对我们人类健康带来巨大危害，而且目前还存在一个非常残酷的现实，就是我们至今对其中大多数的病毒，没有有效的应对手段。那么病毒为什么会如此棘手？我们面对这样的敌人，真的就没有办法了吗？孙子兵法云“知己知彼，百战不殆”。今天我们就从知彼开始，通过学习来了解我们的对手——动物病毒。

课前，同学们预习了这一节相关的内容，根据这个测试的结果，同学们对病毒核酸类型这一块的知识点还有疑惑。好，那我们一起来学习。

（直播界面：学生在作答区按要求同步提交课前疑问）

动物病毒核酸类型包含以下四类，这个同学们应该是很清楚的：双链DNA、单链DNA、双链RNA和单链RNA。其中以双链DNA和单链RNA为主，给我们人类带来巨大危害的病毒通常是以这个单链RNA为主，那么为什么呢？这类病毒，它有什么特征呢？首先我们从遗传物质来看，我们知道DNA是几条链啊？

（学生弹幕：两条）

两条链对吧？而我们的这个RNA这一类病毒，它只有一条链。两条链就像两个人说了算，比较稳定，而这个只有一条链的RNA，它非常不稳定。因此这个病毒的第一个特点是特别容易变异。变异之后会产生什么效果呢？我们来看一下。这个病毒一旦变异，我们人体免疫系统中的淋巴细胞，它就没有办法识别这个变异后的病毒了。因此它会非常轻松地躲过我们自身免疫系统的攻击，偷偷地溜进我们人体细胞。

同学们，你们知道这个病毒它是怎么溜进我们人体细胞的吗？接下来，老师给你们展示一段视频，在看视频的同时，请同学们要开动脑筋，想一想病毒在传播的过程中它是怎么复制的，它是怎么繁殖的？好，请同学们看视频、思考问题。

（教学案例：冠状病毒侵染人体细胞的过程）

视频看完了，那么问题也来了。看了视频之后，你们可以提炼出这个冠状病毒它在人体中繁殖，经过了哪些过程吗？下面随机请一位同学来回答。

（线上直播软件随机抽选学号）××同学你来回答一下，你能提炼什么信息？

（学生开启视窗连线作答）

同学们对这个视频资料的提炼还是非常完善的。好，我们来回顾一下病毒在繁殖的过程中它究竟经过哪些过程呢？首先我们可以看到，病毒表面蓝色的部分叫作刺突，也就是S蛋白。通过S蛋白，病毒与我们人体表面的特异性受体ACE2蛋白相结合，这个过程叫作吸附。同学们也都看到了，吸附之后它们结合在一起了，在这个特异性受体ACE2的帮助之下，病毒就可以透过细胞膜进入人体细胞，这个过程就叫侵入。

说到这个ACE2蛋白，就不得不提最新的一项研究，我国西湖大学的一个最新研究揭示了S蛋白和ACE2蛋白结合的复合物的电镜结构，让我们看清楚了敌人的脸，让我们知道病毒是怎么入侵的。同学们知道，这个科研成果的获得，并非一朝一夕之功，需要科研工作者非常强大的钻研精神，而且要非常坚持，付出很多坚持不懈的努力。同期，中科院和清华大学的科研团队，分别揭示了病毒S蛋白结构域的晶体结构，以及人体ACE2蛋白的晶体结构。这3项研究合在一起就形成了互补，这里非常值得一提的是3个科研团队得到科研成果的第一时间，选择把科研成果直接在线公布。这里就可以看出我们中国科学家的奉献精神。

（弹幕区：学生发表鼓掌、笑脸等图标）

好，接下来呢，在这个ACE2蛋白的帮助下，病毒侵入之后它会在蛋白酶的作用下迅速脱去它的包膜和蛋白质衣壳，这个过程就是脱壳。释放出遗传物质之后，它会利用我们人体的这些原料还有能量，来进行核酸和蛋白质的复制。这个过程叫作增殖。

复制好的蛋白质和核酸会进行组装，就形成了成熟的子代病毒，这个过程叫作装配。这个成熟的子代病毒会通过高尔基体运送到人体细胞外，或者这个细胞被消耗殆尽，子代病毒被释放出来，这个过程叫作释放。

我们可以总结动物病毒的繁殖过程分为6个步骤。好，就是上面所展示的吸附、侵入、脱壳、增殖、装配和释放。虽然病毒的繁殖过程看起来需要6个步骤，但是繁殖速度是非常快的。病毒只需要几十分钟就可以成百倍增加，繁殖速度极其恐怖。这就是病毒的第二个特点，也就是繁殖快。

好，那么面对这个非常容易变异、不稳定而且繁殖速度很快的对手，我们真的就没有办法了吗？接下来我们将用事实说话。同学们来看一组我国抗击流行性传染病的相关数据和图片。请同学们观看的同时，思考一下我们国家用了哪些手段来进行控制。

（屏幕共享：三维图示）

好，接下来，请同学们思考、讨论一下，根据你们的了解，国家还采取了哪些措施来控制病毒的蔓延，请同学们发弹幕来发表你们的观点。

（学生弹幕互动，回答问题）

好，我看到很多关键词，那么相信同学们的关键词当中都会出现隔离、疫苗接种、消毒、口罩这些手段。那么你们知道为什么它们会有效吗？

好，我们结合病毒的繁殖过程，来解析这些手段为什么会有用。首先我们常用的消毒方式，比如酒精或者加热，它的原理是直接作用于人体之外的环境当中的病毒。使病毒的基本结构，也就是蛋白质衣壳变性，从而使病毒失活。而口罩、防护服还有隔离，其实最根本的目的就是不让病毒进入我们人体，隔断它和这个寄主之间的联系，让病毒没有机会开始复制，这是针对体外的病毒的。针对进入我们人体的病毒，就会通过接种疫苗来加强我们人体对这个病毒的一个识别，从而对已经进入人体的病毒进行一个无差别的攻击。

那么根据病毒的繁殖过程，还有特点，同学们可以想一下我们还可以从哪些方面进行研究突破，以达到控制病毒、消灭病毒的目的呢？课后同学们可以在讨论区发表你们的观点。

好的，今天的课就上到这里，谢谢大家。

◎ 教师口语解析

以上教学口语设计中，重点结合网课线上直播的需求来进行调整和互动。教师依托社会事实来展开人和脊椎动物病毒的课程教学。在这一过程中，将病毒防控、科学研究、科研成果公开等情况与学科知识结合，在教学过程中实现了对学生价值观的引导。

在直播口语组织中，教师通过多次穿插直播平台随机点名、弹幕评论等方式，让网络另一端的学生有更多的互动机会和参与感。这种多媒体交互的手段也是对全媒体时代下教师教学手段完善、发展的应用和探索。如何合理、有效应用这些手段集中学生注意力、调动学生参与积极性，从而让学生主动思考、讨论课程要点，反馈教学理解掌握的困难和偏差，是该教师带给我们的有益思考。

二、实训内容

（一）导入语言设计

俗话说“万事开头难”“良好的开端是成功的一半”，课程一开始教师开口，设计所谓“导入语言”或“开场白”给学生留下重要的第一印象。导入语言可以巧设疑点、布置悬念，活跃气氛，激发兴趣，目的是迅速调动学生的思维，诱发他们的求知欲。

请借鉴以下开课导入语，设计创作。

1.沟通心灵

例1　易老师借“姓”发挥课程导入。

同学们好，本学期“演讲与表达”课程由我来上。我是易老师，“易”是“容易”的“易”，希望同学们跟着易老师能够“容易”地收获当众表达的快乐！

例2　俞老师借“姓”发挥自我介绍。

我姓“俞”，按《说文解字》的解释，“俞”的本义是“船”。其实，我们整个班就是一条满载学子的渡船，我这个“主任”就是船上的“老大”。让我们一起在求知求真的大海中劈浪奋进，抵达成功的边岸！而我还会回来渡送下一届学生……

◎ 训练提示

课堂导入是师生之间建立关系、沟通情感的第一座桥梁。成功的导言能引起学生的共鸣，赢得学生的信赖。

2. 活跃气氛

例1　猜谜语的设计。

今天我们要讲的内容发生在我的故乡，是哪里呢？请大家猜一猜：从地球的这头到地球的那头——太原（远）。

例2　避开矛盾的设计。

一天，一个人坐车，到站停车时，旁边的人没站稳，撞了他一下。他气愤地说：“你这人真没有德性。”这个人认真地回答：“错误，物理知识告诉我们，应该是惯性问题。”

◎ 训练提示

老师应善于运用独特的话语保持课堂的活跃气氛，营造良好的教学氛围。

3. 激发兴趣

例1　某老师教《太阳、地球、月亮》的导语。

同学们，夏天晴朗的夜晚，你们常常抬起头来仰望天空，只见满天的星星像无数珍珠撒在碧玉盘里，多美呀！今天，老师带你们一起认识太阳、地球、月亮。

例2　列方程解应用题的导入语。

同学们，今天我们要学习的内容从一篇墓志铭开始："过路的人！这儿埋葬着丢番图，下列数字可以告诉您，他一生度过了多少个寒暑。他一生六分之一就是幸福的童年，十二分之一就是无忧无虑的少年。又度过了一生的七分之一，才建立了幸福的家庭。5年后儿子出世，不料儿子竟先其父4年而终，只活到父亲岁数的一半。晚年丧子，老人真可怜，悲痛之中度过了4年，终于结束了自己的一生。"请同学们算一算，这个人活了多少岁？他就是两千年前古希腊著名的数学家丢番图。他最重要的贡献就是用字母来表示未知数进行运算，因此被称为代数学的鼻祖。

◎ 训练提示

成功的导入语言能使学生对学习内容产生浓厚的兴趣，有效地调动学习积极性。

（二）短句互动语言设计

线上教学缺乏现场感，教学语言要灵活运用互动语言，通过提问来互动。例如采取问题导向式，按照问题本身的顺序，一环套一环，层层深入，让学生享受到求真的乐趣。

例1 1946年7月11日，著名的爱国民主战士李公朴先生在昆明遇害。闻一多先生在主持召开追悼李公朴先生的大会上面对混入其中扰乱会场的国民党分子，拍案而起，满腔悲愤地发表了著名的演讲《最后一次讲演》。

这几天，大家晓得，在昆明出现了历史上最卑劣最无耻的事情！李先生究竟犯了什么罪，竟遭此毒手？他只不过用笔写写文章，用嘴说说话，而他所写的，所说的，都无非是一个没有失掉良心的中国人的话！大家都有一支笔，有一张嘴，有什么理由拿出来讲啊！有事实拿出来说啊！（闻先生声音激动了）为什么要打要杀，而且又不敢光明正大地来打来杀，而偷偷摸摸地来暗杀！（鼓掌）这成什么话？（鼓掌）

今天，这里有没有特务？你站出来！是好汉的站出来！你出来讲！凭什么要杀死李先生？（厉声，热烈地鼓掌）杀死了人，又不敢承认，还要诬蔑人，说什么"桃色事件"，说什么共产党杀共产党，无耻啊！无耻啊！（热烈地鼓掌）这是某集团的无耻，恰是李先生的光荣！李先生在昆明被暗杀，是李先生留给昆明的光荣！也是昆明人的光荣！（鼓掌）

去年"一二·一"昆明青年学生为了反对内战，遭受屠杀，那算是青年的一代献出了他们最宝贵的生命！现在今天李先生为了争取民主和平而遭受了反动派的暗杀，我们骄傲一点说，这算是像我这样大

年纪的一代，我们的老战友，献出了最宝贵的生命！这两桩事发生在昆明，这算是昆明无限的光荣！（热烈地鼓掌）

反动派暗杀李先生的消息传出以后，大家听了都悲愤痛恨。我心里想，这些无耻的东西，不知他们是怎么想法，他们的心理是什么状态，他们的心怎样长的！（捶击桌子）其实简单，他们这样疯狂的来制造恐怖，正是他们自己在慌啊！在害怕啊！所以他们制造恐怖，其实是他们自己在恐怖啊！特务们，你们想想，你们还有几天？你们完了，快完了！你们以为打伤几个，杀死几个，就可以了事，就可以把人民吓倒了吗？其实广大的人民是打不尽的，杀不完的！要是这样可以的话，世界上早没有人了。

你们杀死一个李公朴，会有千百万个李公朴站起来！你们将失去千百万的人民！你们看着我们人少，没有力量？告诉你们，我们的力量大得很，强得很！看今天来的这些人，都是我们的人，都是我们的力量！此外还有广大的市民！我们有这个信心：人民的力量是要胜利的，真理是永远存在的。历史上没有一个反人民的势力不被人民毁灭的！希特勒，墨索里尼，不都在人民之前倒下去了吗？翻开历史看看，你们还站得住几天！你们完了，快了！快完了！我们的光明就要出现了。我们看，光明就在我们眼前，而现在正是黎明之前那个最黑暗的时候。我们有力量打破这个黑暗，争到光明！我们的光明，就是反动派的末日！（热烈地鼓掌）

现在司徒雷登出任美驻华大使，司徒雷登是中国人民的朋友，是教育家，他生长在中国，受的美国教育。他住在中国的时间比住在美国的时间长，他就如一个中国的留学生一样，从前在北平时，也常见面。他是一位和蔼可亲的学者，是真正知道中国人民的要求的，这不是说司徒雷登有三头六臂，能替中国人民解决一切，而是说美国人民的舆论抬头，美国才有这转变。

李先生的血不会白流的！李先生赔上了这条性命，我们要换来一个代价。“一二・一”四烈士倒下了，年青的战士们的血换来了政治协商会议的召开；现在李先生倒下了，他的血要换取政协会议的重开！（热烈地鼓掌）我们有这个信心！（鼓掌）

“一二・一”是昆明的光荣，是云南人民的光荣。云南有光荣的历史，远的如护国，这不用说了，近的如“一二・一”，都属于云南人民的。我们要发扬云南光荣的历史！（听众表示接受）

反动派挑拨离间，卑鄙无耻，你们看见联大走了，学生放暑假了，便以为我们没有力量了吗？特务们！你们看见今天到会的一千多青年，又握起手来了，我们昆明的青年决不会让你们这样蛮横下去的！

反动派，你看见一个倒下去，可也看得见千百个继起的！

正义是杀不完的，因为真理永远存在！（鼓掌）

历史赋予昆明的任务是争取民主和平，我们昆明的青年必须完成这任务！

我们不怕死，我们有牺牲的精神！我们随时像李先生一样，前脚跨出大门，后脚就不准备再跨进大门！（长时间热烈地鼓掌）

◎ 训练提示

此案例为闻一多先生的《最后一次讲演》。全文多用短句，共用9个问号，44个感叹号，运用排比、对比、反复等修辞手法，使演讲具有很强的鼓动性和感召力。在设计教学语言时，多用短句，多互动，可以产生活跃的教学互动效果。

例2　线上教学互动语言示例。

不知道我讲清楚了吗？请弹幕回复我。

你回答得很有道理，把语速再放慢一点，让我们听得更清楚些。

我们再给这位同学一点时间。

我想这位同学一定在思考，有其他准备好的同学可以打开话筒和他共同完成这个问题的回答吗？

请我们每个小组的组长代表本组发言，比比哪组的见解最独到。

这个问题确实有难度，你先听听其他同学的回答好吧。

你的问题已经超出了课程内容，希望你和有兴趣的同学课下去查查资料，共同解决这个问题，别忘了把结果反馈给我们。

谁愿意来为大家做个示范？展示一下自己的本领呢！

刚才的同学表现得非常好，有没有同学愿意接受挑战，给我们展示一下。

接下来的实训环节，请大家接龙排序视频，依次呈现。

◎ 训练提示

线上教学的主体是学生，教师要做好组织者和引导者，让学生主动表现。课前明确交代任务，分组讨论，当场点评。启发他们进入更广更深的领域。除了这些，还可以通过建微信群和读书会等多种方式进行课后交流。可借鉴以上互动性较强的教学用语，举一反三应用到具体课程具体教学环节中。

附　录　大型舞台综艺主持语言训练

首届“联通杯”四川青年文化节开幕式主持词

甲: 朝气蓬勃，展现青春风采。

乙: 与时俱进，传承巴蜀文明。

丙: 亲爱的朋友们，在这热情似火的人间六月天，在这风光如画的天府之国，我们与您共同迎来了首届“联通杯”四川青年文化节！

丁: 我们××大学××学院对于能够承办本次开幕式文艺演出感到非常荣幸，在此，我谨代表××大学的校领导以及××学院的全体师生向莅临我们今天盛会的各位领导、嘉宾表示衷心的感谢和热烈的欢迎！

甲: 正如奔腾不息的黄河孕育了辉煌的中原文化一样，横贯四川浩荡东去的中华母亲河长江也同样孕育了璀璨的巴蜀文明。

乙: 完成于2200多年前的都江堰水利工程更使成都平原成了“水旱从人，不知饥馑”的天府之国。

丙: 20世纪50年代，一代伟人毛泽东面对着金色的四川原野和巴蜀大地上涌动的那一浪接一浪的开创激情，挥毫泼墨——四川很有希望！

丁: 古老的四川钟灵毓秀，物华天宝；

开放的四川人文荟萃，名家辈出！

甲：我们永远忘不了，从广安的羊肠小道上走来，向遥远的大洋彼岸走去，寻求救国救民真理，一生三落三起，终于重整河山的那位四川青年！

乙：我们永远忘不了，从成都的大宅院里走来，向博大的文学人生走去，以一部“离经叛道”的《家春秋》埋葬吃人的旧礼教的那位四川青年！

丙：我们永远忘不了，从铜梁的小山村中走来，向抗美援朝的战场走去，烈火焚身浑不怕，要留英勇在人间的那位四川青年！

丁：我们同样忘不了，从全省的四面八方走来，向抗击“非典”的第一线走去，日夜奋战，阻击病魔，给患者送去春风的许许多多的四川青年！

甲：巴风蜀韵五千年，

乙：璀璨文明艳阳天。

丙：且把丹心化奇志，

丁：书生意气更无前！

庆祝新中国成立五十二周年大型歌会《风展红旗如画》主持词

开场白：

甲： 亲爱的老师们。

乙： 亲爱的同学们。

合： 大家晚上好！

丙： 在洋溢着希望与激情的新世纪起始之年，在有中国特色社会主义事业蓬勃发展、生机盎然之际，在全国人民满怀信心向社会主义现代化第三步战略目标迈进之时，我们怀着无比激动和豪迈的心情迎来了中华人民共和国的五十二岁华诞！

丁： 52年来，我们的国家经历了从贫穷落后到繁荣昌盛，从山河破碎到强大统一，从受人欺凌到扬眉吐气的伟大变革。开创了中华民族亘古未有的宏图伟业，写下了彪炳千秋的光辉篇章。

甲： 但是我们不能忘记，为了这一天，无数的革命先烈，仁人志士抛头颅、洒热血，前赴后继，英勇牺牲，把自己的一切都献给了党和人民。鲜红的五星红旗是烈士们的鲜血染成的，他们没能看到今天的盛世，也无法听到我们今晚的歌声，但是我们永远缅怀他们！

乙： 我们同样不能忘记，为了这一天，在座许多同学的父母、亲人都在各自的工作岗位上默默无闻地做着奉献。他们是平凡的，他们也是伟大的，他们的勤劳敬业、开拓进取是我们国家繁荣昌盛的根本保障。我们永远尊敬他们！

丙： 五十二年风展红旗如画，五十二年峥嵘岁月如歌！

丁： 今天，让我们满怀深情，歌唱我们伟大的祖国，歌唱在红旗指引下我们走过的如歌的岁月。

结束语：

甲： 五十二年岁月如歌，歌载历史。揭示了一条颠扑不破的真理——没有共产党就没有新中国，没有共产党的领导就没有中国的现代化。

乙： 五十二年岁月如歌，歌喻未来。中国的社会主义现代化，中华民族的伟大复兴，已是跃出东方地平线的一轮绚丽红日，它的美丽霞光正照耀着祖国的大好河山。

丙： 新的世纪，以江泽民同志为核心的党中央，将带领全国人民，高举邓小平理论伟大旗帜，站在时代前列搏击风浪、开拓进取，迎接中华民族的伟大复兴！

丁： 新的世纪，我们在座的同学们也将在改革开放和现代化建设的广阔舞台上，充分发挥自己的聪明才智，实现自己的人生价值，创造出无愧于时代和人民的业绩！

甲： 老师们、同学们，××大学××学院庆祝新中国成立五十二周年大型歌会《风展红旗如画》到此结束！

合： 再见！

纪念五四运动八十三周年文艺晚会《五月的花海》主持词

甲：我们是五月的花海，用青春拥抱时代。

乙：我们是初升的太阳，用生命点燃未来。

丙：“五四”的火炬，唤起了民族的觉醒；壮丽的事业，激励着我们继往开来。

甲：历史不会遗忘，83年前那民主和科学的大旗，爱国与救国的巨浪；马列主义的燎原星火，烈士鲜血的耀眼光芒。无数热血青年，从幼稚走向成熟，在党的指引下成长。

乙：他们犹如初生的婴儿，犹如灿烂的朝阳；开始照耀沉沉黑夜的中国大地，给黑暗的中国带来了光明，给苦难的人民带来了希望。

丙：从五四到今天，八十三年过去了。八十三年风展红旗如画，八十三年峥嵘岁月如歌！八十三年的中国青年之路，是跟着共产党寻求真理之路；是冲破黑暗走向光明之路；是建设祖国实现繁荣富强之路；是迎接中华民族伟大复兴的胜利之路！

甲：回顾历史，多少热血青年为中华崛起呐喊冲锋；展望未来，会有更多的青春生命为中华腾飞创造奇迹。

乙：今天，让我们满怀深情，歌唱五四先辈；歌唱在红旗指引下，我们走过的如歌的岁月。

丙：首先请欣赏……

纪念五四运动八十五周年暨第二届“联通杯”四川青年文化节开幕式文艺晚会

甲：我们是五月的花海，用青春拥抱时代。

乙：我们是初升的太阳，用生命点燃未来。

丙：“五四”的火炬，唤起了民族的觉醒。

丁：壮丽的事业，激励着我们继往开来。

甲：尊敬的各位领导、各位来宾，

乙：亲爱的老师们、同学们以及电视机前的观众朋友们，

合：晚——上——好！

丙：在这个美好的人间五月天，在这个春风沉醉的晚上，我们与您相约四川大学体育馆，隆重举行四川省纪念五四运动八十五周年暨第二届“联通杯”四川青年文化节开幕式文艺晚会。

丁：今晚，伴着醉人的春风，伴着和煦的暖意，伴着深沉的情思，让我们一同遥想永远的“五四”，一同赞美那灿烂火红的青春。

甲：在85年前的今天，“五四”是一场运动。是“打倒孔家店”，是“火烧赵家楼”，是说不尽的《新青年》和白话文，是魅力无穷的“德先生”和“赛先生”。

乙：在历史教科书上，“五四”是一座丰碑。它标志着醒狮怒吼、风气渐开，标志着资产阶级领导的旧民主主义革命的终结和无产阶级领导的新民主主义革命的开始。

丙：在革命者眼中，“五四”是一面旗帜。大旗猎猎，唱着救亡图存的歌；烽烟滚滚，照亮自强不息的路；晨钟阵阵，推开科学民主的

门；呐喊声声，腾起爱国救国的浪。

丁：在更多的人看来，“五四”是一种精神。它告诉你我，什么样的情感叫炽热；什么样的意志叫坚强；什么样的斗争叫奋勇；什么样的奉献叫牺牲；什么样的青春叫无悔；什么样的使命叫神圣！

（节目一：序《使命》）

甲：当苦难换来甜美，当鲜花开满村庄，
当卫星遨游太空，当城市披上盛装，
我们一定用阳光来谱写乐章。

乙：当船帆鼓满雄风，当高山挺起胸膛，
当民族亲如兄弟，当彩霞装点希望，
我们的乐章里一定充满阳光。

（节目二：《阳光乐章》，节目三：《中华颂》）

丙：朋友们，今晚与我们欢聚一堂的还有一位远道而来的朋友。请注意，是朋友而不是客人，因为他是咱们土生土长的成都人。十几年前，他从这片巴山蜀水出发，用他美妙的歌喉征服了世界，被誉为世界华人第一男高音。说到这里，可能大家已经猜到了，他就是上海音乐学院声乐系主任、青年歌唱家——廖昌永先生！下面让我们以热烈的掌声有请廖昌永先生！

（节目四：1.《红旗飘飘》 2.《斗牛士之歌》）

丙：感谢廖昌永先生的精彩演出。

朋友们，咱们四川从来就是出人才的地方。1912年，孙中山先生在一篇文章中曾经不无感慨地说，“惟蜀有材，奇瑰磊落，……一仆百作……厥功允多”。

丁：而四川的人才有一个共同特点，就是强烈的爱国心、报国情。“五四”精神的影响，更使一代又一代四川青年在中国革命、建设、改革的各个历史时期绽放青春活力，挥洒青春风采。

丙：我们不会忘记，从铜梁的小山村走来，向硝烟弥漫的抗美援朝战场走去，烈火焚身浑不怕，要留英勇在人间的那位四川青年。

丁：我们不会忘记，从成都的大宅院中走来，向博大的文学人生走去，以一部厚重的《家春秋》埋葬吃人的旧礼教的那位四川青年。

丙：我们不会忘记，从广安的羊肠小道走来，向宏阔的革命大道走去，一生三落三起，终于以巨人的大手拨正历史航船的那位四川青年。

丁：我们同样不会忘记，在去年的这个时候，千千万万从四面八方走来，向抗击“非典”的第一线走去，用青春、热血和生命铸就新时期英雄史诗的许许多多的四川青年。

丙：我们不会忘记这些四川青年，因为他们和祖国心连着心。

丁：我们永远感激这些四川青年，因为他们和祖国一刻也不能分割。

（节目五：1.《我和我的祖国》 2.《春天的故事》）

甲：一首《春天的故事》把我们带回了对敬爱的小平同志的怀念。现在恐怕全世界都知道了这位来自中国四川的伟人。

乙：国人眼里，他是改革开放的总设计师，是“一国两制”伟大构想的提出者；西方人眼里，他是三落三起的传奇英雄，是“打不倒的东方小个子”；同志们眼里，他是睿智健谈的导师，“黑猫白猫，捉住老鼠就是好猫”，朴素风趣的话里透着哲学家的智慧；孩子们看来，他是慈祥的爷爷，是笑弯了眼睛对他们说，“计算机要从娃娃抓起”“教育要面向现代化，面向世界，面向未来”的很亲切的人。

甲：再过几个月，小平同志的百年华诞就要到了，来自小平故乡——广安市广安区希望小学的孩子们专门排演了歌舞《鲜花献给邓爷爷》，来表达对他的思念。有请——

（节目六：《鲜花献给邓爷爷》）

丁：世界上最美好也是最短暂的莫过于青春。女作家杨沫在她的小说《青春之歌》的扉页上写道，“火红的青春，灿烂美丽的星辰”。

丙：如何让短暂的青春闪光，是所有青年人都应该思考的问题。五四运动前，青年毛泽东正在湖南长沙求学，他经常对人说，“男子汉大丈夫要读奇书、交奇友、立奇志、创奇事，做一个顶天立地的奇男子”。

丁：青年人就要胸有天地、志存高远。

丙：青年人就要勇于拼搏、敢为人先。

丁：青年人就要勤奋好学、敬业奉献。

丙：青年人就要助人为乐、吃苦在前。

丁：青年人就要从我做起、磨砺锻炼。

丙：青年人就要有大海的胸怀、高山的意志，让青春无悔，让岁月如歌。

（节目七：1.《壮志雄心》 2.《思念》 3.《迎着风》）

（节目八：《跆搏表演》）

甲：这里有漓江晚照、春城飞花；这里也有大漠孤烟、塞外风沙。

乙：这里曾经文景之治、开元盛世，丝绸之路的旷世繁华；这里也曾经战乱纷争、文明衰落、沉睡千年。

甲：这里是祖国的大西部！

乙：今天，大开发的号角已经吹响。到西部去，这是一个伟大时代的召唤！

甲：到西部去，这里有你没见过的最高远的天，有你没见过的最宽广的地，有你没见过的最纯朴的人。

乙：到西部去，这里有你没见过的最险峻的山，有你没见过的最壮阔的河，有你没听过的最古老的传说。

甲：翻开西部这本大书吧，去走进民族灵魂的最深处。

乙：展开西部这幅长卷吧，去留下火红的青春诗篇。

（节目九：1.《到西部去》 2.《当兵的人》）

丙：俄国作家普希金有一首小诗，很受青年人的喜爱。

假如生活欺骗了你，

不要悲伤，不要心急。

阴霾的日子总会过去，

那过去了的，就是美好的回忆。

其实生活里总会有些坎坎坷坷、波波折折、风风雨雨，如果我们遇到了、躲不开了，不妨就去坦然面对。心若在，梦就在，只要我们能对自己说一声——年轻没有失败，大不了从头再来，那我们的人生之路将会更加宽阔，我们生命的旅程也将无比充实。

（节目十：《从头再来》）

乙：四川是一个多民族聚居的大省。历史上的6次大移民为这块土地注入了生机与活力，千百年来各民族和睦相处，更使这块土地踏上富裕与腾飞。苗族歌、藏族舞、彝族酒、土家族的编织、羌族的建筑……早已成为中华文明中的奇葩。今天，我们潇洒的民族兄弟、漂亮的民族姐妹也来到了我们身边，载歌载舞，共唱华夏一家亲，同庆盛世中国龙！

（节目十一：1.《相逢那一天》 2.《一家人》 3.《乐园》 4.《美好明天》）

甲：很多人都说，这一代的年轻人特别幸福。出生在七八十年代，他们没有经历过战争和社会动荡，对未来充满遐想。生活在世纪之交，他们必然成为承前启后、继往开来的一代。日益开放的社会环境和信息时代的种种便利让他们敢想、敢干、敢拼、敢闯，有文化、有知识、多才、多艺。接下来，参加方阵演唱的就是这样的一代年轻人。虽然唱得并不专业，但是洋溢在歌声中的蓬勃朝气和无限激情一定能够传递给我们每个人。

（节目十二：1.《爱我中华》 2.《我们是共产主义接班人》 3.《青春啊，青春》）

丁：下面登台的是咱们大伙儿都很熟悉和喜爱的一位青年歌唱家。有人说你能从他的歌声里听出一种喧嚣中的宁静，也有人说你听出的实际上是一种永远的青春激情。不管怎么说，20多年来，他一直活跃在大大小小的舞台上，为观众带去一次次欢乐与感动。他就是全国青联常委——郁钧剑先生，有请。

（节目十三：1.《我走后的成都还在下雨吗》 2.《什么也不说》）

丁：理想是石，敲出星星之火。

丙：理想是火，照亮前进的路。

丁：理想是路，指引我们通往黎明。

丙：理想是黎明，喷薄着光和热。

丁：理想是帆，长风破浪会有时，直挂云帆济沧海。

丙：理想是火炬，为有牺牲多壮志，敢教日月换新天！

（节目十四：《理想的火炬》，节目十五：《青春理想》）

甲：朋友们，从五四到今天，整整85年过去了。85年，对一个人来说，从呱呱坠地的婴儿变成了耄耋老人。

乙：85年，对一棵树来说，从破土而出的嫩芽长成了大木参天。

丙：85年，对一个政党来说，从南湖上一条小小的红船发展到长城南北，大江两岸。

丁：85年，对一个国家来说，历经了脱胎换骨、斗转星移、沧桑巨变。

甲：85年的时光不算很长，在漫漫历史长河中不过是弹指一挥间。

乙：85年的时光又很长很长，需要我们珍惜地过好每一年、每一月、每一天。

丙：青年朋友们，我们正值美好的青春年华，我们生活在和平与发展已经成为世界主题的时代，更应该把握机遇、同心同德，为早日实现中华民族的伟大复兴而努力奋斗！

丁：先辈的光荣已如繁星点点嵌入历史的天宇，新的辉煌有待我们去创造！

甲：感谢青春，让我们用行动告慰远逝的先贤。

乙：感谢青春，让我们用拼搏实践铿锵的誓言。

丙：感谢青春，让我们用理想托起美好的明天！

丁：尊敬的各位领导，各位来宾，四川省纪念五四运动八十五周年暨第二届“联通杯”四川青年文化节开幕式文艺晚会到此结束。感谢中国联通四川分公司对本次动的鼎力支持，也感谢您的收看。

甲：朋友们，明年再见！

（节目十六：《中国，中国，鲜红的太阳永不落》）

人物化妆造型晚会《千年回首望四川》主持词

开场白：

长江滚滚，岁月悠悠。

多少文人墨客、皇帝嫔妃、英雄才子、诗人隐士穿梭于四川这块神奇的土地！下面，就让我们纵横万里行巴蜀，千年回首望四川吧！

（一）李冰父子

20世纪70年代，都江堰的河滩中曾出土一尊头部残缺的石像，这便是李冰父子的传神写照！

“没淤泥而蔼然含笑，断颈项而长锸在握。”

大约2300年前，他们穿行于莽莽丛林之中、嶙峋怪石之间，伴着岷江水震耳欲聋的咆哮，筑成古堰，泽被千年！

（二）司马相如、卓文君

一曲凤求凰，为爱情增色；千载文君酒，令史书飘香。

文君当垆，相如涤器，有多少痴儿女神往？

抚琴台边，驷马桥上，有多少余音绕梁？

大诗人李商隐曾特意到当年文君相如卖酒的街上喝酒。酒酣耳热之际，醉眼蒙胧之时挥笔赞道：“美酒成都堪送老，当垆仍是卓文君！”

（三）刘备、关羽、张飞

三国风云，气吞万里如虎。

桃园结义，演绎千古风流！

当阳桥，谁人吼？长坂坡，谁人留？

华容道，谁人惊曹操？虎牢关，谁人战吕布？

谈笑间，谁人刮骨疗毒？求卧龙，谁人茅庐三顾？

有多少故事对后人诉？有多少忠义在史书！

（四）武则天

古道驼铃，大唐音律。

中国历史上唯一的女皇帝武则天便出生在四川广元。

郭沫若先生称赞她“政启开元，治宏贞观”。

在唐代壁画中，她袒胸露臂、雍容丰艳、神采飞扬，一派大唐盛象！

（五）李白、杨贵妃

“黄河之水天上来”的诗句让多少人壮怀渐烈！“七月七日长生殿”的爱情让多少人泪水涟涟！

一位是旷世的才子，一位是绝代的佳人。

一位“天子呼来不上船”，留下了雄视百代的傲骨。

一位“回眸一笑百媚生”，挥洒着醉倒历史的娇羞。

今天，无论是荡舟捉月的李白还是醉酒羞花的杨贵妃，都已如涓涓小流，汇入了国人的浩浩情思！

（六）薛涛

在成都市区九眼桥不远有一处幽静的所在，这便是为纪念唐代女诗人薛涛而修建的望江公园。漫步其间，闻荷香阵阵，看翠竹幽幽，望江滔滚滚，听鹃啼声声，你可会想起千年前那风雅的往事，那“扫眉才子知多少，管领春风总不如”的薛涛？

（七）花蕊夫人

成都又称“蓉城”，这是源于后蜀国主孟昶与他的宠妃花蕊夫人在城墙上栽种过“四十里如锦绣”的芙蓉花。

每到春天，芙蓉花开，整个成都便浸在一片香海之中，好像孟昶和花蕊夫人那优雅恩爱的宫廷生活一样令人心摇神醉、意乱情迷。

（八）三苏父子

“一门父子三词客，千古文章四大家。”

三苏父子千年前的文字在今天仍熠熠闪光。

林语堂的《苏东坡传》被香港经济学家张五常视作最喜欢的书。余秋雨和当代许多文化大家也对这本书推崇备至。人们不但喜欢这本真诚的书，更是怀着景仰喜欢这个真诚的人。

（九）杨升庵、黄峨

“滚滚长江东逝水，浪花淘尽英雄。”著名的《三国演义》开卷词便出自明朝状元杨升庵之手。无怪《明史》说他是整个明朝“记诵之博，著作之富”的第一人。他与才女黄峨相亲相爱，携手共度35年流放时光，更是被传颂至今！

回望千年，孙中山先生说：“惟蜀有材，奇瑰磊落，一仆百作……厥功允多。”

他们的才华与美色，命运与文章像日月行天、星河一样照亮了文化的天宇。又像三峡的水一样，拼着全力，浩浩荡荡，流向四方，流向未来！

第四届CUBA中国大学生篮球联赛西南赛区
开幕式朗诵诗《CUBA与我们同在》

甲：我要歌唱2000年前小亚细亚半岛之上亮起的第一支奥林匹克的火光。从此，人类的文明伴随着竞技体育一同成长。

乙：黑暗中，它是光明；痛苦中，它是希望。它给消沉的人提供动力；它为软弱的人带来刚强。它呼唤人们勇敢地超越生理极限，更高！更快！更强！

甲：同世界上许多国家一样，我们这块古老的黄色土地，也钟情于绿色的赛场。100年前，清政府派出了一位运动员参加奥运会，却只迎来了列强们的不屑与讥谤，那顶“东亚病夫”的帽子，我们戴了很长很长……

乙：100年后，中华健儿频繁出现在世界的领奖台上，鲜艳的五星红旗在洛杉矶、在首尔、在巴塞罗那、在亚特兰大、在悉尼迎风飘扬。申奥成功、国足出线，更激荡着每一个华夏儿女的心房。

甲：百年的奋斗，百年的畅想，中华健儿锐不可当。

乙：百年的求索，百年的开创，中国体育步入辉煌。

甲：但是我们不会遗忘，为了这一天，一代代体育人的付出超乎寻常。

乙：我们同样不会遗忘，为了这一天，史册里有许多英魂万古流芳。

甲：1992年6月的一个晚上，有一位排球教练去世了。就像无数默默无闻的教练一样，谁也不会记住他的名字，甚至根本不知道他的名字，但是他把一生都倾注到了排球上。

乙：这位教练临终前只有一个小小的心愿，他要抱着一个排球，一个他平时训练用的排球，一个他爱了一辈子的排球，一起火化……

甲：这就是中国的体育人，这就是中国的体育魂！

乙：它支撑着亚特兰大奥运会上的王义夫把扳机扣响。

甲：它支撑着膝盖粉碎的叶乔波把伤痛阻挡。

乙：它培养出了“锄头脚练成弹簧脚”的“跳水皇后”。

甲：它培养出了西方重金也挖不走的“乒乓女将”。

乙：青年朋友们，让我们秉承这种精神，在CUBA——我们自己的联赛上更高！更快！更强！

合：更高！更快！更强！

首届中国电影电视高等教育发展论坛暨××高校成立××周年庆典晚会串联稿

（开场舞《浪漫樱花》）

甲：首届中国电影电视高等教育发展论坛

乙：首届中国电影电视高等教育发展论坛

丙：（加译英）

丁：亲爱的朋友们，晚上好！

乙：晚上好，您现在收看的是正在为您直播的首届中国电影电视高等教育发展论坛暨××高校成立××周年庆典晚会。

丙：（加译英）

甲：十月的成都，秋风送爽，硕果累累，十月的××高校处处彩旗飘扬，鲜花簇拥。在这个收获的季节，在这个美好的夜晚，我们将与您共同回顾××高校走过的××年历程，共同展望中国影视高等教育事业的辉煌前景。

乙：“××年风雨铸辉煌。”今日的××高校已经为中国的影视事业培养和输送了大批专业人才，这些年轻的主持人、播音员、导演、编辑、记者、摄影师、化妆师正活跃在中国影视的各条战线，为WTO背景下的中国影视业的发展注入了新鲜的血液。

丁：今晚，让我们纵情高歌；今晚，让我们放飞心灵。今晚是欢乐的海洋；今晚是艺术的天地。

丙：（加译英）

乙：莅临我们今晚盛会的领导和贵宾有……首先，我们有请××

致辞。

（接领导致辞）

丁：记得文学大师柳青有一句名言，“人生的道路虽然漫长，但紧要处常常只有几步，特别是当人年轻的时候”。我想许多朋友都思索过这样一个问题，人生的道路应该怎样走，应该怎样选择？下面的诗朗诵《让我的生命不同凡响》就讲述了我们××高校同学的选择。

（百人朗诵《让我的生命不同凡响》）

（短片《我们的××年》）

乙：相信看了刚才这段片子，我们许多人都会深有感触。是啊，学院的××年是艰辛的××年，是奋斗的××年，是发展的××年，是不断从新起点上实现新跨越的××年。回首××年的风雨历程，不知有多少领导、老师、同学，为了学院的今日辉煌付出了巨大的心血，也正是他们的付出，使得一届又一届青年学子得以迈进艺术的门槛。下面就请欣赏学院表演系同学根据屠格涅夫名作改编的舞台剧《门槛》。

（舞台剧《门槛》）

甲：提起《叶塞尼娅》和《魂断蓝桥》两部老电影，许多朋友都不会陌生。光阴荏苒，岁月鎏金，两部影片中那传奇的故事，浪漫的爱情仍然会让我们感动不已。接下来，就请欣赏学校播音主持系的同学为我们带来电影配音片段《叶塞尼娅》和《魂断蓝桥》。

（中文电影配音《叶塞尼娅》片段）

（英文电影配音《魂断蓝桥》片段）

丁：本次中国电影电视高等教育发展论坛暨××高校成立××周年庆典晚会得到了社会各界的关注与支持，也收到了来自大洋彼岸的祝福。接下来，来自美国戈申学院的朋友们为我们送上歌曲，来祝福人类永恒的和平与友谊。

丙：（英文翻译）

（美国戈申学院合唱团歌曲）

（短片《学校毕业生》）

乙： 你看了刚才那段片子，不知道有什么感受？

甲： 问我有什么感受啊？我觉得学校的历史虽然不算长，却有那么点儿“桃李满天下”的味道。

乙： 是啊！学院××年历程，确实培养和输送了不少人才，他们中的有些人还专程赶来参加我们今晚的盛会。

甲： 让我们以热烈的掌声，欢迎师哥师姐们。

乙： 有请。大家看他们眼熟吗？可能平时在电视上和画册上看他们多一些啊。我想此时此刻，各位一定有许多话想说，××师姐，从您开始吧。

（毕业生献辞）

乙： 师恩难忘，师恩永存。学生对老师的感情是难以割舍的，老师对学生的感情也是无比深厚的，最后让我们再次以热烈的掌声向尊敬的老师们送上我们的感激与祝福。

（短片《学校教师》）

丙： 师姐，我有一个问题想问你，你最佩服的是咱们学院哪个专业的同学？

丁： 我最佩服的是咱们化妆系的同学。

丙： 为什么呢？

丁： 你看啊，化妆系是咱们学院最年轻的系，但是短短3年已经为国内多家电视台、艺术剧院以及多部影视剧提供化妆服务。2000级化妆班的26位同学已经受邀成为中国化妆学会的正式会员。我真的挺佩服他们的。

丙： 嗯！那么今晚化妆系的同学也为我们的盛会精心准备了一组艺术人物造型展示。相信大家能从这些富于想象力与创造性的作品中得到美的享受。

（化妆展示《生命符号》《战争伤痕》《浪漫旅程》）

丁：今晚，与我们一同欢聚的还有来参加首届中国电影电视高等教育发展论坛的专家学者们。其中有一位咱们大伙儿都很熟悉的国家级回族表演艺术家，平时，同学们都是从电视里，从磁带上领略他的风采。而今晚，他也将登台为朋友们送上一段诗朗诵《希望》，有请张家声！

（诗朗诵《希望》，歌曲《欢乐颂》）

甲：不知不觉间，××高校已经走过了××年历程。××年风雨，××年沧桑；××年奋斗，××年辉煌。

乙：站在××周年的门槛上，我们有许许多多的感受，我们感受到丰收的喜悦，也深刻地体会到承前启后、继往开来的责任所在。

丁：站在××周年的门槛上，我们有许许多多的祝愿，我们祝愿老师们身体健康，祝愿同学们学习进步，希望已经毕业的师哥师姐们常回家看看，祝愿母校的明天越来越好！

丙：（英语，电影是永恒的，我们的追求也是永恒的！）

乙：最后，让我们有请××高校××校长为我们切生日蛋糕，祝福母校生日快乐，祝福中国影视教育的明天流光溢彩！

参考文献

［1］赵玉明，王福顺．广播电视辞典［M］．北京：北京广播学院出版社，1999.

［2］何九盈，王宁，董琨．辞源［M］．北京：商务印书馆，2017.

［3］姚喜双．播音主持概论［M］．北京：高等教育出版社，2012.

［4］刘洋，林海．综艺娱乐节目主持概论［M］．北京：中国传媒大学出版社，2007.

［5］吴洪林．主持艺术［M］.3版．上海：上海三联书店，2007.

［6］吴洪林．节目主持［M］．北京：中国广播电视出版社，2011.

［7］吴郁．节目主持能力训练路径［M］．北京：中国广播电视出版社，2004.

［8］康国剑．主持人实用手册［M］．汕头：汕头大学出版社，2014.

［9］中国传媒大学播音主持艺术学院．广播节目播音主持［M］．北京：中国传媒大学出版社，2015.

［10］中国传媒大学播音主持艺术学院．电视节目播音主持［M］．北京：中国传媒大学出版社，2015.

［11］钱明．成功主持典范［M］．北京：中国广播电视出版社，2003.

［12］赵俐，李昕．实用口语表达与播音主持［M］．北京：中国传媒大学出版社，2009.

［13］王群，曹可凡.广播电视主持艺术［M］.上海：上海外语教育出版社，2006.

［14］李岭涛，王艳，李冬梅，等.电视综艺节目创新研究［M］.北京：中国国际广播出版社，2019.

［15］王录.电视综艺节目特色与走向［M］.北京：中国广播电视出版社，1999.

［16］王国臣.电视综艺节目编导［M］.杭州：浙江大学出版社，2011.

［17］索绪尔.普通语言学教程［M］.高名凯，译.北京：商务印书馆，2011.

［18］宫承波，张君昌，王甫.春晚三十八年：伴行改革开放　欢乐国人大年［M］.北京：中国广播影视出版社，2020.

［19］於春.中国电视节目主持三十年研究［M］.北京：中国传媒大学出版社，2013.

［20］周松青.中美突发事件网络舆情应急机制比较研究［M］.上海：上海社会科学院出版社，2020.

［21］中国现代国际关系研究所危机管理与对策研究中心.国际危机管理概论［M］.北京：时事出版社，2003.

［22］李栋，周静茹.突发事件预防与处置实务［M］.北京：中国政法大学出版社，2016.

［23］李暄.突发事件舆情五讲：新闻判断与价值观修养［M］.北京：中国传媒大学出版社，2019.

［24］凯勒，王海忠，陈增祥.战略品牌管理［M］.4版.北京：机械工业出版社，2021.

［25］马斯洛.马斯洛人本哲学［M］.成明，编译.北京：九州出版社，2003.

［26］辛普森，格林菲尔德.交互式网络电视与互联网视频：视听放送

的进展［M］.张少君，译.武汉：华中科技大学出版社，2019.

［27］卢官明.移动流媒体技术［M］.北京：电子工业出版社，2010.

［28］严翔，霍妍.电视购物节目主持［M］.北京：中国传媒大学出版社，2017.

［29］董关鹏，成倍，马涛.全媒体电商主播养成手册［M］.北京：人民邮电出版社，2021.

［30］曹风礼.电商直播［M］.郑州：黄河水利出版社，2020.

［31］杨成宁.在线教育的运营与发展研究［M］.上海：上海交通大学出版社，2021.

［32］尚俊杰.在线教育讲义［M］.上海：华东师范大学出版社，2020.

［33］刘志文.转型与构建：网络教学变革的理论研究［M］.广州：广东世界图书出版公司，2011.

［34］吴限.基于终身教育的网络教学改革［M］.北京：中央广播电视大学出版社，2017.

［35］沈红.基于在线课程平台的高校英语混合式教学模式研究［M］.北京：中国商业出版社，2021.

［36］冼婉华，郑泳濠.网络教学　发展思维［M］.北京：中央民族大学出版社，2005.

［37］吴郁.主持人思维与语言能力训练路径［M］.北京：中国广播电视出版社，2005.

［38］翁如.主持人思维训练教程［M］.北京：中国传媒大学出版社，2007.

［39］应天常，王婷.主持人即兴口语训练［M］.北京：中国传媒大学出版社，2014.

［40］曹可凡，王群.节目主持语言智略［M］.上海：复旦大学出版社，2008.

［41］许迅.语言实践教程［M］.3版.南京：南京师范大学出版社，2020.

［42］肖峰.名记者研究［M］.武汉：武汉大学出版社，2012.

［43］高贵武.出镜报道与新闻主持［M］.北京：中国传媒大学出版社，2012.

［44］王群，徐力.电视体育解说［M］.北京：北京广播学院出版社，2005.

［45］黄健翔.歪批足球［M］.武汉：长江文艺出版社，2000.

［46］魏伟.体育解说教程［M］.北京：人民体育出版社，2012.

［47］梁华伟.体育赛事组织与管理［M］.上海：上海交通大学出版社，2018.

［48］王哲.论电视体育解说［M］.天津：天津社会科学院出版社，2018.

［49］李良荣.新闻学概论［M］.上海：复旦大学出版社，2013.

［50］白龙.电视新闻播音技巧［M］.北京：中国广播电视出版社，2004.

［51］陈力丹.新闻理论十讲［M］.上海：复旦大学出版社，2008.

［52］高蕴英.教你播新闻［M］.北京：中国广播电视出版社，2005.

［53］宋晓阳.出镜记者现场报道指南［M］.北京：中国广播电视出版社，2008.

［54］徐恒.播音发声学［M］.北京：北京广播学院出版社，1999.

［55］杨小锋.语言艺术发声研究［M］.北京：科学出版社，2013.

［56］宗白华.艺境［M］.北京：北京大学出版社，1999.

［57］巩晓亮.中国口语传播研究（2022）［M］.北京：中国传媒大学出版社，2022.

［58］庚钟银.口语传播范例与作品分析［M］.北京：高等教育出版社，2016.

［59］霍凯特.现代语言学教程［M］.索振羽，叶蜚声，译.北京：北京大学出版社，1986.

［60］翁佳.对面：著名播音员主持人访谈录［M］.北京：中国经济出版社，2003.

后 记

从2020年教材建设立项开始，我们克服了特殊环境中存在的诸多困难，坚持教材编写工作，终于，《直播口语》与大家见面了。

作为高校教师，如何使学生的课堂作业更加接近一线作品呢？这是我们长期教学与学生作业反馈的思考，也是我们进行教材建设的初衷。

但现实确实没有理想中那么美好。

由于本教材大量的案例是直播内容，所以没有文字参照，全靠老师们仔细对应视频记录信息再整理汇总。特别是体育赛事中专业术语和网络新词出现时，人工智能都不智能了，这个时候就靠我们人工来仔细查阅、核对信息，工作量可想而知。

如果这些困难都能靠苦劳克服，那么跨越多个专业领域，追求前沿新发现的能力是我们所欠缺的。

还好，《直播口语》有寻找共性的角度。

根据现有相关教材了解，以直播为内容的教材缺少相对全面的整理。本教材的内容从各类型的直播口语理论到案例再到实训，相对系统且科学。每一章是一个独立的内容，理论与实践相结合，具有一定时代前沿性、实用操作性。这其中理论部分来自实践，由于直播技术发展迅速，直播口语相关研究还在不断探索之中，希望读者能结合当下来理解教材中的理论知识。案例部分，每一章包括大量案例的呈现与解构，案例代表性强，鲜活生动。实训部分，训练量大，针对性强。本教材探索直播口语的规律、方法与经验，希望能够达到启发学生思考，调动学生兴趣，使学生掌握在不同直播中口语表达的基本要领，全面提高在直播中口语表达的素养和能力。

还好，我们有八方力量来相助。

本教材为内江师范学院教育教学研究项目“教材建设专项”资助成果、内江师范学院范长江新闻学院专业建设教材。本教材的顺利出版得到了内江师范学院教务处和范长江新闻学院的支持，特此感谢。

感谢行业一线从业老师和高校老师们的支持，他们或提供一手素材，或提供教学案例。这其中有内江师范学院范长江新闻学院的杨光辉副教授、高军梅老师、满静老师和张蕾副教授；生命科学学院曹秀老师；四川师范大学的毛娟教授；四川音乐学院的李俊文老师；知名文化学者郑毅博士；等等。他们的敬业精神、热情态度不断激励我们。

感谢策划编辑刘丽老师，面对多项烦琐的工作，始终积极鼓励且耐心细致地给予帮助，感谢韩蕊编辑的辛苦付出。

在本教材的编写过程中，参考的文献资料、视频资料和网络资源数量较大，恕不逐一标注，请大家谅解、理解，谨致谢忱。

本教材涉及面广，综合性强，我们根据团队成员的教学研究方向分工有所侧重，其中编写审改是由本人、田园曲和刘畅或流水线，或交换岗位，渗透合作，共同完成的，大纲制定和统稿审定由本人完成。

由于编者水平有限，不足之处在所难免，敬请大家批评指正。

易　军

2024 年 6 月

图书在版编目（CIP）数据

直播口语 / 易军，田园曲，刘畅编著. --北京：中国国际广播出版社，2024.7. --ISBN 978-7-5078-5565-4

Ⅰ. G222.2

中国国家版本馆CIP数据核字第20244WF592号

直播口语

编　　著	易　军　田园曲　刘　畅
策划编辑	刘　丽
责任编辑	韩　蕊
校　　对	张　娜
版式设计	邢秀娟
封面设计	赵冰波
出版发行	中国国际广播出版社有限公司［010-89508207（传真）］
社　　址	北京市丰台区榴乡路88号石榴中心2号楼1701 邮编：100079
印　　刷	天津市新科印刷有限公司
开　　本	710×1000　1/16
字　　数	240千字
印　　张	16.5
版　　次	2024 年 7 月　北京第一版
印　　次	2024 年 7 月　第一次印刷
定　　价	54.00 元